Esta es la era del ateo agresivo, pero a menudo mal informado. Los malentendidos y las medias verdades abundan en cuanto a cómo hemos llegado hasta la Biblia: si fue bien preservada, si está o no llena de contradicciones, si la resurrección es creíble y otras cuestiones por el estilo. Köstenberger, Bock y Chatraw explican estas cosas de una manera que la gente común pueda entender con facilidad. ¡Este libro es de lectura obligatoria para todo aquel que tiene preguntas de esta índole o temas relacionados, o que conozca a alguien que tenga interrogantes sobre ellos!

—Craig L. Blomberg, Profesor Distinguido de
Nuevo Testamento, Seminario Denver

¡Pronto estaremos haciendo las maletas, cargando el auto y llevando a nuestra hija —de dieciocho años— a una universidad conocida por su liberalismo en una ciudad que tiene por slogan «Mantente original», en tiempos donde se está redefiniendo la verdad! Quería preguntar a Andreas Köstenberger, Darrel Bock y Josh Chatraw si ellos podrían ir con mi hija, pero ahora que han escrito este libro, voy a enviarlo en lugar de ellos. Estos tres autores son algo excepcional: académicos de primera, con un corazón puesto en la gente común y con un estilo que es muy comprensible. ¡Esta última obra llegó a tiempo para mí, para ti y para tus hijos también!

—Pete Briscoe, Pastor Titular, Comunidad Bent Tree,
Carrolton, Texas

En defensa de la verdad debería estar en la lista de lecturas obligatorias de todo estudiante de primer año de la universidad. Los autores se enfrentan a los líderes escépticos del cristianismo de hoy en día, ofreciendo contraargumentos convincentes con un estilo fácil de leer. Aunque fue escrito para estudiantes universitarios, el rico contenido del libro lo convierte en un excelente recurso para adultos de todas las edades que buscan respuestas sobre la confiabilidad de la Biblia y la veracidad del cristianismo.

—Lynn H. Cohick, Profesor de Nuevo Testamento, Wheaton College

Durante mucho tiempo, nuestras iglesias han cruzado los dedos y enviado a sus jóvenes a la boca del lobo en las universidades, dándoles nada más que palabras de aliento para que se sostengan en una «fe ciega» que simplemente ignora los argumentos de los profesores no cristianos. «¿Qué saben ellos?» —recuerdo haber oído—. Bueno, la respuesta honesta es «¡mucho!». Este libro es una ayuda bien recibida por aquellos estudiantes que prefieren tener una fe razonada antes que ciega; una fe que busca enfrentar con confianza en vez de ignorar con temor las preguntas difíciles expuestas por profesores, pares o incluso por sus propias dudas. Con honestidad, humildad y argumentos convincentes, los autores nos ayudan a ver las complejidades que existen detrás de los argumentos simplistas en contra de nuestra fe, autorizándonos a darnos un tirón de orejas y todavía tener fe en Cristo. ¡Un material excelente para mis estudiantes (para sus padres, pastores y también para sus hermanos menores)!

—Eric Gambardella, Obrero, Comunidad Cristiana InterVarsity,
Universidad Christopher Newport

Lo que me gusta de este libro es que es intelectualmente responsable y al mismo tiempo fácil de leer. Anticipo que se convertirá en uno de los libros más recomendados, tanto para estudiantes que están luchando con los desafíos a su fe como para aquellos que están buscando respuestas honestas a sus preguntas.

—J.D. Greear, Autor de *Stop Asking Jesus Into Your Heart*
y *Gospel: Recovering the Power that Made
Christianity Revolutionary*

Este es un libro muy oportuno. En los últimos años, un número de críticos académicos, incluyendo a Bart Ehrman, han atacado la historicidad y confiabilidad del Nuevo Testamento y han presentado argumentos que no se pueden apoyar en la evidencia. Este libro pone las cosas en claro. Con un estilo académico pero sencillo a la vez, los autores han hecho un gran aporte a la iglesia.

—Michael J. Kruger, Presidente y Profesor de Nuevo Testamento, Seminario Teológico Reformado

He trabajado con estudiantes universitarios por más de 20 años, sirviendo en tres estados distintos y el nivel de escepticismo nunca ha sido tan alto como ahora. En parte, esto se debe a una agenda secular agresiva que se promueve desde el primer día de clase hasta el día del discurso final de graduación. Este libro será, sin duda, un valioso aporte y una lectura obligatoria para nuestros líderes y estudiantes en Raleigh, Durham y alrededor del mundo.

—Rupert Leary, Ministerios Campus Outreach

La necesidad de escribir un libro como este ha sido una deuda pendiente durante mucho tiempo. ¡Me emociona verlo al fin impreso! *En defensa de la verdad* ofrece respuestas convincentes para algunas de las objeciones más comunes en contra del cristianismo. Durante mucho tiempo estaré recomendando este libro a los estudiantes.

—Sean McDowell, Experto en Apologética y Coautor de *Is God Just a Human Invention?*

Después de quince años de ministrar a la generación del milenio y a sus familias, una ha sido la constante: la necesidad de preparar, de manera lógica y práctica, a los estudiantes para que puedan responder a los puntos de vista que se oponen al cristianismo y a la Biblia. Köstenberger, Bock y Chatraw nos entregan una guía accesible y práctica con fuertes argumentos a favor de la fe cristiana y contrarrestan con éxito los argumentos contra el cristianismo ortodoxo. Entrega este libro a un adolescente, a un estudiante universitario o a tu pastor de universitarios. Su fe podría depender de ello.

—Dave Miller, Pastor Principal, Iglesia Sentral, ciudad de Oklahoma, Oklahoma

En defensa de la verdad es una respuesta sencilla pero profunda a algunas de las críticas más comunes que la cultura contemporánea lanza en contra del cristianismo. Los autores son objetivos e imparciales en su forma de describir a Bart Ehrmann y aún así proveen una crítica aguda, tanto de los puntos de vista como del espíritu escéptico que él representa. Este es un trabajo útil para los seguidores de Jesús de cualquier edad, pero particularmente para los estudiantes de secundaria y los alumnos universitarios. Espero con interés un volumen más detallado que podría seguir a esta obra.

—Scott B. Rae, Decano de Facultad, Presidente del Departamento de Filosofía, Escuela de Teología Talbot, Universidad Biola

Sumergidos en el insidioso escepticismo de la Posmodernidad, nuestros adolescentes y jóvenes adultos están luchando con sus compromisos con Dios. Los ataques recientes y renovados en contra de la veracidad y la confiabilidad de la Biblia y su mensaje, han hundido la fe de muchos cristianos que están mal equipados para sostener y defender sus creencias. *En defensa de la verdad* entrega una respuesta académica a estos desafíos y provee al creyente argumentos razonados para contrarrestar, de manera efectiva, la embestida furiosa a la que se enfrentan hoy en día. Con un estilo comprensible, Köstenberger, Bock y Chatraw nos entregan la información necesaria "para presentar defensa de la esperanza que hay en nosotros".

—Jay Sedwick, Profesor de Ministerios Educacionales y Liderazgo, Seminario Teológico Dallas

En defensa de la verdad es un regalo del cielo porque es un recurso claro y fácil de entender para equipar a los estudiantes cristianos a fin de sobrevivir y florecer en medio de una cultura cada vez más escéptica. El tono de este libro es luminoso y lo suficientemente festivo como para atraer al estudiante promedio de secundaria; sin embargo, sus evidencias y argumentos son lo suficientemente firmes como para proveer fundamentos sólidos para todo el que esté buscando responder, de manera inteligente, a los ataques modernos en contra de la fe cristiana. Con un claro dominio de la evidencia y con mucha agudeza, *En defensa de la verdad* nos animará y capacitará para enfrentar los "temas de actualidad" del escepticismo moderno. Es una contribución necesaria para los estudiantes cristianos, pastores de jóvenes y también para los padres.

—Craig A. Smith, Expositor para Jóvenes y Profesor Adjunto de Nuevo Testamento y Doctrina Cristiana, *Seminario Denver*

En defensa de la verdad es un material oportuno que los estudiantes deben tener en sus manos. Al ser preparados para defender su fe en la cultura, el libro los desafiará a pensar en los componentes esenciales de su fe. Más importante aún, creo que cuando los estudiantes logren conectarse con este material, su fe será fortalecida y se enamorarán otra vez de su Salvador.

—Ben Trueblood, Director del Ministerio Estudiantil de LifeWay

Decir la verdad acerca de la Biblia importa mucho, especialmente en medio de una cultura que es cada vez más posmoderna y cínica, y que se jacta de parlotear de todos los temas imaginables. Köstenberger, Bock y Chatraw nos han hecho un gran favor al proveernos algunas respuestas directas a las preguntas difíciles que siempre hace la gente respecto a la Biblia. En una cultura ignorante de los temas bíblicos, resulta muy útil el manejo que se hace de los temas habituales expuestos por los supuestos expertos quienes tratan de demostrar que la Biblia está plagada de errores, inconsistencias y mitos. Pues resulta que esa no es la verdad acerca de la Verdad.

—Ben Whitherington III, Profesor Amos para Estudios Doctorales, *Seminario Teológico Asbury*

Este libro combate con fuerza las pretensiones académicas poco serias de ciertos profesores y publicaciones. Sin embargo, presenta el caso a favor de la verdad del evangelio y la Biblia de una manera mesurada, llena de gracia y educativa. Sin presionar mucho en los datos y argumentos, los autores fomentan una fe cristiana informada que sea razonada y no ciega; tampoco pierden de vista la dinámica viviente del Dios Padre, Hijo y Espíritu y las Sagradas Escrituras en el sostenimiento de la fe que salva. Fácil de leer, confiable y responsable, este libro merece un amplio número de lectores, sobre todo entre aquellos que deseen aprender a ser leales a Cristo al enfrentar la manipulación académica de los testimonios históricos acerca de Él.

—Robert W. Yarbrough, Profesor de Nuevo Testamento, Seminario
Teológico Covenant

En defensa

DE LA

VERDAD

En defensa

DE LA

VERDAD

FE CERTERA *en un* MUNDO ◄ CONFUSO ►

Andreas K. Köstenberger, Darrell L. Bock, y Joshua D. Chatraw

B&H

ESPAÑOL

NASHVILLE, TENNESSEE

En defensa de la verdad: Fe certera en un mundo confuso

B&H Publishing Group
Nashville, TN 37234

Clasificación Decimal Dewey: 230
Clasifíquese: FE / VERDAD / APOLOGÉTICA

Publicado originalmente por B&H Publishing Group con el título *Truth Matters: Confident Faith in a Confusing World* © 2014 por Andreas Köstenberger, Darrell Bock, y Josh Chatraw.

Traducción al español: Dr. José Mendoza
Tipografía: 2K/DENMARK

ISBN: 978-1-4336-8959-8

Impreso en EE.UU.
1 2 3 4 5 * 19 18 17 16

Dedicatoria

De Andreas:

A mi hija Lauren, con motivo de su graduación de UNC - Chapel Hill. ¡Bien hecho!

De Darrell:

A mis estudiantes de DTS, Talbot y Western, quienes preguntaron cómo funciona la Biblia y fueron pacientes con las respuestas a tales preguntas.

De Josh:

A mis hijos Addison y Hudson porque un día ellos también necesitarán este libro.

Tabla de contenido

Prefacio   Escepticismo 101 xvii

Capítulo 1   La mística del escepticismo 1
¿Qué hace que la incredulidad sea tan creíble?

Capítulo 2   ¿Dios existe? ¿A Dios le importa? 17
Entonces, ¿por qué no puede hacer las cosas mejor de lo que son?

Capítulo 3   Hagamos una Biblia 41
¿Quién escogió los libros y de dónde salieron?

Capítulo 4   Contradicciones, contradicciones 67
¿Por qué mi Biblia tiene tantos errores?

Capítulo 5   Necesito el original 105
¿Cómo pueden ser las copias de las copias lo mismo que el original?

Capítulo 6 Y el ganador es. 133
¿Quién decidió qué creen los cristianos?

Capítulo 7 Una historia posible 157
¿Cómo sabemos que Jesús resucitó de entre los muertos?

Epílogo   Una buena lectura acerca de la fe razonada 171

Cava más profundo 175

Notas. 177

«Es un asunto peligroso, Frodo, ir más allá de la puerta.
Te paras en el camino, y si no cuidas tus pasos, no sabrás
dónde irás a parar».
—J.R.R. TOLKIEN, *THE LORD OF THE RINGS*
[EL SEÑOR DE LOS ANILLOS]

PREFACIO

Escepticismo 101

Dorothy, ya no estamos en la Escuela Dominical.

Son las 9:15 de la mañana, lunes-miércoles-viernes, entre una noche de poco sueño y la clase de álgebra de las 10:30; y con nada más en el estómago que una barra de granola que no será de mucho para lo que se viene esta mañana.

David y Goliat no te serán de ayuda aquí. Si pretendes mantener la cabeza a flote en esta clase, hace falta más que el Arca de Noé —y, por supuesto, algo más que la letra pegajosa de la alabanza que aprendiste en la iglesia la semana pasada—. Vas a enfrentar al profesor de religión que es mucho mejor que tú argumentando la validez de la fe cristiana. Y cuando sus clases, que remecen tu espiritualidad, se conviertan en asignaciones de 2000 palabras y exámenes parciales, él no aceptará como respuesta tus versículos bíblicos favoritos.

¿Qué harás, entonces?

Pero lo más terrible es pensar en lo que podrías *convertirte...* cuando todo eso haya pasado.

Aun si te sientas en la última fila y te esfuerzas por no creer todo lo que sale de la boca del profesor, eso no impedirá que seas forzada a pensar si lo que siempre creíste verdadero no es más que una manera simple y emocional de ver las cosas. El hecho de que hoy te sientas fuerte en tu fe no significa que no puedas ser persuadida de que lo que él dice tiene sentido, dadas las condiciones adecuadas pero con conclusiones equivocadas. Al ser expuesto a una cantidad considerable de dudas, cualquiera puede inclinarse sutilmente hacia la incredulidad prefiriendo vivir lo que el profesor llamaría una vida más sensata, pero no tan crédula.

Estudiantes, les presento al Dr. Bart Ehrman, una de las principales voces que atacan la confiabilidad de la fe cristiana, y a muchos otros como él que enseñan sobre el cristianismo primitivo en varios lugares de todo el país. Prepárense para decirle adiós a todo lo que siempre pensaron de Dios y de la Biblia.

———————

Sea que hayas pasado mucho tiempo luchando o no con preguntas religiosas, es hora de que empieces a pensar más allá de los cinco panes y los dos peces de la fe bíblica —no solo porque necesites saberlo, sino porque puede ser que un día tu vida dependa de descubrir cuán solido es realmente el fundamento que sustenta tus creencias cristianas—. ¿Qué harás cuando la Biblia pase de ser la respuesta a convertirse en la pregunta? ¿Cómo harás para discutir su contenido cuando su mismo contenido está siendo cuestionado al considerarse como algo inventado o que no tiene nada que ver con lo que realmente pasó? ¿Cómo puedes empezar a desarrollar una fe confiable en un mundo tan confuso?

¡Ah!, y otra razón: Los Bart Ehrmans de este mundo están esperándote. Sea que vayas a la universidad o no, su filosofía es popular en nuestra cultura y ella socavará tu fe si es que no estás preparado.

Ehrman es un chico fuerte y de eso no hay duda alguna. Quizás lo has visto en la televisión en horario estelar, sentado muy cómodo al lado de figuras como Jon Stewart y Stephen Colbert. Quizás has oído del número, cada vez mayor, de sus libros en la lista de los libros más vendidos del *New York Times*, que van desde la autenticidad de la Biblia hasta la existencia de Jesús. De seguro has visto uno o más de sus debates en contra de académicos que se oponen a su visión agnóstica. O sinceramente, tú nunca has oído de él.

No hay problema con lo anterior porque este libro no trata de Bart Ehrman. Este libro es acerca de Dios y Su verdad en un mundo cambiante y una cultura movediza. Tiene que ver contigo y tu experiencia con las diversas voces escépticas y tus propias figuras de autoridad. Es muy probable que te enfrentes a las mismas preguntas y argumentos que Ehrman ha propulsado a través de la corriente tan fuerte de duda cristiana. Es por esa razón que hemos organizado libremente este libro alrededor de los temas que él ha popularizado y perpetuado a través de sus enseñanzas y escritos.

Ehrman afirma, por ejemplo, que el evangelio no está basado en lo que Jesús dijo o enseñó a Sus discípulos, sino que este gradualmente evolucionó y surgió como la voz más fuerte y mayoritaria de los primeros siglos de la era cristiana. El cristianismo acalló las voces saludables de la diversidad y las forzó al silencio, al apoderarse del terreno político-religioso y declarar sus escritos como santa escritura.

La Biblia fue elaborada para satisfacer una agenda.

Él sostiene que muchas de las afirmaciones del Nuevo Testamento fueron fabricadas y nunca escritas por los autores tradicionales a los que ellas están adscritas.

La Biblia no es más que una falsificación.

Él afirma que el proceso de copiado para conservar las Escrituras, en los primeros siglos después de Cristo, ha dejado los manuscritos actuales con tal cantidad de errores y discrepancias —algunos accidentales y otros intencionales— que no podemos tener confianza alguna en nuestra habilidad para determinar qué es lo que en realidad dijeron los manuscritos originales.

La Biblia, después de todo, no contiene las palabras reales de Dios.

Él señala que la Biblia está tan plagada de contradicciones, teologías opuestas y líneas de tiempo confusas, que deberíamos estar locos si pensáramos que podemos confiar en ella para darnos información fidedigna, autoritativa y exacta en cuanto a los asuntos centrales que dice proclamar.

La Biblia no parece respaldar aun su propia historia.

Él afirma que los discípulos de Jesucristo creyeron que algo milagroso le pasó al Jesús crucificado, pero nosotros no podemos saber con certeza que lo que ellos afirman es un hecho histórico.

La base misma del cristianismo está en juego.

Mucho más importante que todo lo demás, él afirma que el así llamado Dios, quien está detrás de toda esta farsa, no es tan digno de Su reputación de todopoderoso y compasivo; menos aún, cuando pasamos un radar objetivo alrededor del mundo y recibimos más señales de dolor y sufrimiento en la experiencia humana de la que somos capaces siquiera de explicar o procesar.

A Dios no le importa. Quizás ni siquiera existe.

Todo es un ardid, una farsa. Un truco de humo y espejos. No hay verdad. Al final solo hay una esperanza vacía y fuera de lugar.

Trata de levantarte tres veces a la semana con el olor de ese café. Añade a eso que eres alguien que mucho de lo que sabe de Jesús lo aprendió de un personaje de una película de Mel Gibson o que estás casi seguro de sentir a Jesús en tu corazón cuando oras de una manera particular o porque escuchas música cristiana mientras corres.

No hay nada de malo, por supuesto, en colorear tu vida con esas influencias religiosas populares. Pero ese nivel tan bajo de conocimiento bíblico servirá de poco cuando tomes clases de religión en la universidad. Y mucho menos, cuando las grandes preguntas de la vida se hagan tan complejas como para ser respondidas con crayones o tijeras en las actividades de la iglesia o en campamentos o retiros de fin de semana.

Si quieres mantenerte en pie cuando las columnas de tu fe sean bombardeadas repetidamente una y otra vez, cuando todo lo que creías de Dios y de la Biblia sea cuestionado con burla —dos o tres veces a la semana, una hora completa cada vez—, entonces necesitas la información que empezarás a leer ahora. No tienes que acobardarte como otros en la clase, que son descritos por Ehrman como estudiantes con cara de niños, quienes «cubren sus oídos y tararean en voz alta para no escuchar nada que les provoque dudar de su amada creencia».[1]

Créenos, tu «amada creencia» puede soportar todas las dudas y con los ojos y los oídos bien abiertos.

Por eso este libro no es un ataque personal, pero sí es una causa personal. Y si lo lees, creemos que lo disfrutarás y serás capaz de contrarrestar algunas de esas audaces afirmaciones incrédulas con tu propia marca de audacia y confianza. Descubrirás la clase de antecedentes bíblicos, las respuestas y las habilidades de pensamiento que pueden proveerte una fortaleza calmada y razonada cuando te encuentres en medio de un ataque escéptico y sarcástico.

Estas cosas importan. La verdad se levanta. Y tú eres sumamente inteligente como para estar leyendo este libro y no estar en

cualquier otra parte... porque conocer lo que uno cree y por qué lo
cree puede añadir un elemento de coraje real al centro de tu amor y
tu fe cristiana.

> *Justo parece el primero que defiende su causa*
> *hasta que otro viene y lo examina.*
> PROVERBIOS 18:17

La mística del escepticismo

¿Qué hace que la incredulidad sea tan creíble?

Al final del día, yo creo que solo confiaré en la inteligencia humana. Cualquiera debería ser capaz de descubrir si un punto de vista es posible o absurdo, sea que una afirmación histórica tenga méritos o que sea pura fantasía formulada por un deseo teológico o ideológico que busque confirmar un grupo de respuestas como correctas.
—BART EHRMAN[1]

[El amor] se alegra con la verdad.
—EL APÓSTOL PABLO (1 COR. 13:6)

P ara el tiempo en que Bart Ehrman salió del Seminario Princeton con su Master en Divinidades y su PhD, él ya no era el cristiano fundamentalista que creía ser cuando entró como estudiante en el Seminario Moody. Tampoco era esa «versión revisada» de evangélico en que se convirtió mientras completaba su grado de bachiller en Wheaton College, otra escuela muy respetada en Chicago.

En lugar de eso, durante sus años de estudio de posgrado, él hizo lo que, en su opinión, pocos cristianos conservadores están dispuestos a hacer: Se metió de cabeza en la evidencia bíblica, dejándose llevar por sus descubrimientos antes que forzarlos a que se adecuaran a sus prejuicios e ideas preconcebidas. Ehrman sostiene que si el resto de nosotros estuviera dispuesto a hacerlo, entonces llegaríamos a sus mismas ineludibles conclusiones. Nos daríamos cuenta de que, sin importar cuánto deseemos que sea verdad, la Biblia nunca será confiable. Y para ello solo basta seguir una combinación de pruebas irrefutables y de eslabones perdidos. Al final, veríamos todas nuestras pequeñas, pero bien intencionadas creencias cristianas, como simples ideas infantiles.

Ehrman perdió su fe luego de participar en algunas de esas contiendas académicas y desde entonces, se la ha estado quitando a estudiantes incautos.

Entonces, ¿qué es lo que hace tan creíble su voz? ¿Cómo se hace para convertir a un profesor de religión (Universidad de Carolina del Norte, con un profesorado adjunto en la Universidad Duke) en una estrella de rock? ¿Cómo ha logrado con éxito poner en el mercado cientos de miles de libros —cuatro títulos en la lista del *New York Times* en los últimos nueve años[2]— cuando muchos de los otros libros de historia e hipótesis de la Biblia apenas pueden hacer algo más que curar el insomnio de sus lectores?

¿Qué es lo que está vendiendo y mucha gente está comprando?

¿Qué podemos aprender de las respuestas a esas preguntas con la esperanza de que tú no seas hundido en la misma neblina de duda y escepticismo?

Ahora presentaremos cuatro observaciones generales e introductorias, así como algunas alertas y recomendaciones que te ayudarán a ver cómo profesores escépticos tienen éxito en tantos estudiantes y con tan poco trabajo —y por qué tú no tienes que ser parte de esa estadística—. No todas esas tácticas están equivocadas o son maliciosas en sí mismas, pero de todos modos necesitas estar alerta porque pueden convertirse fácilmente en puntos de entrada que definen la forma en que recibes la información, dando lugar a que ponderes si es que habrá otro lugar más suave y agradable para aterrizar.

Cuando lo dices de esa manera...

En primer lugar, *ellos hablan como tú*. Ehrman, por ejemplo, se te acerca con una historia —muy llamativa— de cómo él se sintió atraído por las creencias cristianas cuando era un adolescente necesitado, no tan lejos de la edad y las experiencias de sus estudiantes universitarios. Pero su celo juvenil y emocional no pudo retenerlo durante mucho tiempo. Lo que la iglesia había hecho de manera temporal para satisfacer sus inseguridades adolescentes, al final encontró satisfacción en las actividades académicas e intelectuales, hasta que —finalmente— la vida empezó a tener mucho más sentido. Las dudas que habían sido acalladas durante sus momentos más espirituales nunca más se quedaron tranquilas. *Por supuesto*, la Biblia es un documento hecho por hombres, razonó él. *Por supuesto*, Dios no puede ser quien la Biblia dice que es. *Por supuesto* que no debe haber una gran diferencia entre la versión de la realidad que la Biblia presenta y aquella que gira a nuestro alrededor cada día en esta tierra en donde vemos, vivimos y olemos esa misma realidad.

Él no es el único, por supuesto, que experimentó una epifanía agnóstica durante esas batallas, a las que llama un respiro de honestidad intelectual que despeja la cabeza. Pero, a diferencia de la imagen estereotipada del escéptico duro e irritable, Ehrman no aparece como enojado, frío y argumentativo. De hecho, él no es nada de eso. Por el contrario, es encantador y vulnerable, admite que muchas veces se despierta frío en medio de la noche pensando que quizás está equivocado, quizás el infierno es real, y quizás él y otros que tiraron por la borda su fe cristiana terminarán en graves problemas.[3]

Él presenta algunas de sus luchas personales con el tema del sufrimiento y la tragedia, como también nos pasa a muchos de nosotros al tratar de entender dónde está Dios cuando somos heridos, cuando parece que podría hacer algo si lo quisiera. ¿Quién entre nosotros no ha tratado de entender cómo un Dios bueno parece estar tan tranquilo, cruelmente cruzado de brazos, mientras Su creación se cae a pedazos —mientras cuarenta personas encuentran la muerte al desplomarse un puente en China, mientras una joven es violada cuando corre en un bosque en Pensilvania, mientras niños son baleados por un lunático en sus salones de clase en Connecticut o cuando los tornados en Oklahoma se llevan dos escuelas primarias—?

Buenas preguntas. Vale la pena formularlas.

Muchos esperaríamos debates doctrinales y filosóficos dentro del aire viciado de teorías intangibles o en medio del choque ruidoso de comentaristas, pancartas y cámaras de televisión. Pero envuelve esa misma clase de preguntas en una historia personal calurosa y emocional, y todo el ambiente del salón cambiará. Toda protección y defensa caerá. Ahora la gente está escuchando. Simpatizando. Riendo. Quizás algunos estarán asintiendo, a pesar de que dentro de ellos estén confundidos y cuestionando sus desacuerdos.

Al menos ellos ven de dónde viene esta persona. Hoy encontramos a mucha gente que tiene una historia de cómo Dios los defraudó. Su fe fue sacudida hasta la médula y eso los dejó llenos de dolor y duda.

Debemos recalcar que no hay nada de malo en salir de detrás de la cortina de las ideas y dejar que la audiencia nos mire a los ojos, escuche nuestra historia y nos vea como una persona real. Pero una narración conmovedora no niega el hecho de que la verdad es el árbitro final entre líneas de pensamiento opuestas. Independientemente de que el elocuente orador sea un agnóstico profesor de Nuevo Testamento o un tatuado pastor invitado a un campamento de jóvenes, el estándar al escuchar es el mismo y debemos discernir qué hay de verdad en ello. Y esto sin importar cuánto nos guste el tipo o cómo nos haga sentir.

No es cómo lo dicen; es lo que están diciendo.

No sabía que…

En segundo lugar, *ellos saben que es probable que nunca antes hayas contemplado esas preguntas.* La persona promedio, aun el estudiante universitario promedio que ha pasado toda su vida en la iglesia, no ha invertido suficiente tiempo hurgando en los orígenes de la Biblia o recorriendo las páginas históricas del cristianismo. Ellos solo saben (al menos la mayoría) cómo han sido sus experiencias personales con Dios, pero ellas solas no son suficientes para que se sientan preparados en lo que es más importante de la fe cristiana. Más que en una clase de economía o matemáticas, ellos llegan con una supuesta profundidad, un entendimiento familiar lleno de recuerdos de su relación con Dios que los lleva a pensar que ellos ya cubrieron mucho del material cuando participaron de niños en la Escuela Bíblica de vacaciones.

Qué tremendo shock experimentan cuando el sabor de las paletas que el profesor entrega no es el mismo que el de las de sus recuerdos infantiles.

Así, para muchos, esta persona se convierte (como Ehrman) en el ingenioso guía turístico, mostrándoles algunos campos del material llenos de nuevas imágenes y sonidos y mucho más fascinantes por dentro de lo que suelen parecer desde afuera. No tenemos que decir nada con respecto a esto.

El problema radica en que nuestro guía turístico —que presume bien que su grupo de turistas no tiene la más mínima idea de lo que están viendo— está en la envidiable posición de ser el único que escoge los lugares a visitar y lo que desea resaltar en cada uno de ellos. Como resultado, su retórica y sus interpretaciones del material religioso *ocultan* más de lo que *revelan*. Y muy pocos, o quizás ninguno, en la clase saben lo suficiente como para conocer la diferencia.

Una de las cosas que más se resalta en los escritos de Ehrman, por ejemplo —si buscas con cuidado— es que muy pocas veces reconoce los contraargumentos a sus propias posiciones. El tratamiento de los temas casi siempre se enfoca desde un solo lado y no como se plantea en las discusiones reales que toman lugar en el más amplio mundo académico religioso.

Él podrá llevarte, por ejemplo, a una interesante exhibición de manuscritos y artefactos bíblicos, revelando un mundo de escribas y pergaminos antiguos. Pero solo mostrará suficiente evidencia como para justificar sus afirmaciones de que las Biblias contemporáneas posiblemente no estén basadas en las palabras originales de la Escritura —si ese fue el pésimo método que Dios usó para dictarnos Sus santas palabras—.[4] Él parece asumir que por el simple hecho de plantear las preguntas, ya nos está dando las únicas respuestas que debemos estar dispuestos a aceptar. Esto no es así. Decir que la Biblia *podría* contener errores está todavía muy lejos de probar que realmente los tiene. Solo porque una persona dice que algo *podría* ser verdad no significa que ya lo es.

Pero así es como esto se hace en muchas aulas universitarias, donde el bus del Tour de escepticismo bíblico sale cada hora y a tiempo. Ellos saben que estarás allí por primera vez. Saben que pueden llenar toda la hora de clase señalando las razones por las que *no* debes confiar en la Biblia. También saben que el folleto turístico (el libro de texto escogido) los respaldará en todo lo que te dicen y te muestran. Y si tú no tienes un buen fundamento para disputar o tratar con los diferentes tópicos bíblicos o teológicos que se están analizando, de seguro pensarás, bueno…, *este tipo me suena muy convincente.*

Pero ellos saben mucho más. Saben que si se va a escribir un libro, presentar un ensayo o dar una conferencia en una clase universitaria, todo trabajo académico debe defender su posición ante las mejores posiciones contrarias, en vez de esperar que alguien mire y diga: «Ey, si lo que estás diciendo es verdad, ¿qué harías con *esto* o con *esto otro*?». Un guía turístico imparcial querrá llevarte a todas las exhibiciones, asegurándose de que oigas todo lo que los demás están diciendo (aun sus críticos), convencido de que sus argumentos son tan sólidos como para poder darle una paliza a sus rivales.

Si solo estás oyendo un lado de la historia o una mínima selección de los opositores —y más aún cuando el presentador conoce que tú, quizás, eres primerizo en el tema que está exponiendo— entonces necesitas preguntarte *por qué* no te está diciendo lo que no te está diciendo, y por qué es tan cuidadoso en no mostrarte el resto.

Justo lo que pienso

En tercer lugar, *ellos estimulan y confirman un aire de incredulidad.* De seguro no necesitas que nadie te convenza de que vivimos una era en donde la única creencia mal vista es la que no permite una completa diversidad, donde los caminos escogidos por cada cual siempre llevan a la verdad. *Su* verdad.

Un reciente graduado de Harvard, citado en el libro de D.A. Carson *The Intolerance of Tolerance* [La intolerancia de la tolerancia], presentó este punto durante un discurso de graduación: «Nos dicen que es herejía sugerir la superioridad de algún valor, que es fantasía el creer en un argumento moral, esclavitud el someternos a un criterio mejor que el nuestro. La libertad de nuestros días es *libertad para dedicarnos a cualquier valor que nos plazca, solo bajo la condición de que no creamos que es verdadero*».[5]

Deberás leerlo una vez más. Es de verdad profundo.

La mayoría de las personas han comprado por completo la mentalidad tolerante. Eso hace que de manera natural sientan resistencia a las afirmaciones de verdad exclusivas del cristianismo -como creer que Jesús es el único medio de salvación. Por eso, ellos se deleitarán con todo aquel que les refuerce su decisión personal de alejarse de su crianza religiosa y procurar una reputación de mente abierta.

La tolerancia es como un dios en nuestra cultura y el que no la tiene es tildado de hereje. Como resultado, esta tolerancia se traga la verdad y niega cualquier necesidad de búsqueda de las cosas que podrían ofender o desafiar nuestras preferencias. De manera conveniente evita la idea de que ciertas cosas podrían aplicarse a todos nosotros, sin importar quienes seamos o lo que creamos. Es un lugar bastante cómodo porque no desafía nada más que la verdad. Pero podría convertirse también en un lugar peligroso para habitar.

Así, cuando alguien inyecta su versión de sarcasmo escéptico en la discusión, le está hablando a una corte amigable. Sonará razonable, especialmente ahora que estás a tu suerte, fuera de la atención de tus padres y sus expectativas. Saben que quizás no necesites bajar demasiados escalones de duda antes de que te convenzan, no solo de que el cristianismo es una alternativa entre muchas otras, sino que, peor aún, no es ni siquiera una opción viable en la que creer. Como Ehrman mismo concluye: «No "sé" si hay Dios; pero pienso que si hay uno, definitivamente no es el proclamado por la tradición judeocristiana».[6]

Tus amigos o un profesor comparten esos mismos sentimientos. Si es así, ellos quieren que sepas que está bien dudar de tu fe. Te preguntarán por qué todavía estás tratando de aferrarte a tus golpeadas creencias cristianas, y descubrirás que ellos podrían tirar todo el peso de toda la comunidad académica en pos de sus argumentos, tal como Ehrman lo hizo en el capítulo introductorio de *Jesus Interrupted* [Jesús interrumpido]: «Todos mis amigos cercanos (y los casi cercanos) en el gremio de estudios del Nuevo Testamento están de acuerdo con muchas de mis opiniones históricas del Nuevo Testamento, el Jesús histórico, el desarrollo de la fe cristiana y otros temas similares. Podremos estar en desacuerdo en uno que otro punto (de hecho lo estamos —somos, después de todo, académicos—), pero estamos de acuerdo en los métodos históricos y en las conclusiones básicas a las que ellos nos llevan».[7]

Todos están de acuerdo conmigo.

¿Todos? ¿De verdad?

Ellos quieren que creamos que entre toda la gente que realmente sabe de lo que estamos hablando, el punto de vista escéptico en cuanto a la confiabilidad de la Biblia, las afirmaciones de Jesús y la existencia de Dios es el patrón acostumbrado. Quieren que pensemos que las conclusiones ilustradas que están presentando son el fundamento aceptado, lo último. «Todos estamos de acuerdo». *Todos nosotros.*

Pero sin importar lo que todos digan, te prometemos que aquellos que sostienen tales posiciones no son los únicos que están haciendo un trabajo serio en estudios bíblicos.

De todos los seminarios acreditados por la
Asociación de Seminarios Teológicos (ATS, en
inglés) en los Estados Unidos, los diez más grandes son seminarios evangélicos. Estos seminarios
están representados por miles y miles de estudiantes, y cientos y cientos de profesores. Si casi todos
los profesores de seminario están de acuerdo con
Ehrman, entonces ¿quiénes son los profesores
que están enseñando en los diez seminarios más
grandes de Estados Unidos? Al parecer, las únicas
escuelas que cuentan como seminarios modernos,
en el análisis de Ehrman, son aquellas que están de
acuerdo con él. No es difícil probar que tus puntos
de vista pertenecen a la corriente principal cuando
tú eres el que decide cuál es la corriente principal.[8]

Dato: Una gran cantidad de académicos confiables han visto los
mismos argumentos que tu profesor está haciendo y han arribado a
conclusiones muy diferentes. No estás tan solo como algunos piensan.

Pero sus tácticas intimidatorias esgrimen un filo psicológico distinto sobre jóvenes estudiantes de negocios o enfermería de 18 años,
quienes están tomando estas clases entre sus optativas (en algunos
casos y algunas escuelas) para llenar los requerimientos de materias.

Consideremos esto: ¿Qué tal si hacemos descansar las brochas
anchas y por un segundo tratamos un acercamiento más fino? ¿Por
qué no le damos una mirada completa y de primera mano a la información buscando una representación justa de toda la variedad de
opiniones, con el fin de determinar lo que uno debe creer de estos
temas, en vez de asumir la infalibilidad de esa comunidad académica?

Tipos como Ehrman están siendo astutamente contradictorios cuando desestiman a aquellos académicos cuyo cuidadosa investigación los ha llevado a confiar en el registro bíblico. Por un lado, ellos dicen que la lógica y la evidencia son las únicas cosas que deben contar —que sea el mejor argumento el que gane—. Pero entonces también sugieren que no hay ningún argumento para considerar, que cualquiera que esté en desacuerdo con ellos tiene un prejuicio descarado, y que los académicos de su lado son los únicos que miran la evidencia con objetividad.[9]

O estás de acuerdo con *ellos* o tú estás equivocado.

Puedes estar en lo *correcto* o eres testarudo y atrasado. ¿Qué será?

Ten cuidado de no quedarte con esa clase de menosprecio. Es parte de sus códigos el tratar de rodear un punto de vista opuesto basado nada más que en su opinión.

Tienes que tener fe

Finalmente, *ellos refuerzan el punto de vista de que la fe está en desacuerdo con la razón*. Mucho de su atractivo depende del mal entendido común de lo que significa la *fe* —aun en lo que significa para muchos que han sido criados en la iglesia—.

Mucha gente en nuestra cultura escoge distanciarse del concepto de *fe* al verlo solo como una preferencia personal, sin esperar ni requerir que sea confrontado con la razón, la lógica o realidades históricas. La fe es algo que tú aceptas. No necesita ser agobiada con tener un sentido racional. Solo…

Es.

Porque lo *creo* ya es.

La iglesia tiene mucho que ver con este concepto equivocado. La idea de buscar el apoyo de las creencias cristianas con el análisis del lado izquierdo de nuestro cerebro es visto, en el peor de los casos, con sospecha, o en el mejor como algo innecesario. La iglesia es un lugar para sentir, para ser movidos, para actuar, para cantar, no tanto para relacionar los puntos entre la fe y el intelecto. Trae mucho pensamiento y mucha teología en un nivel bastante alto, y estaremos haciendo más el trabajo de un seminario que el de una iglesia local. Así es como lo ven un montón de creyentes, aunque lo vean como algo correcto, lo digan o no.

La fe, sin embargo, no necesita ser ciega. Creer en Cristo y aceptar la Biblia como la verdadera Palabra de Dios no es automáticamente antiintelectualismo. La Biblia no nos pide adoptar una *fe* CIEGA sino una *fe* RAZONADA —una fe que con honestidad hace preguntas difíciles y va en búsqueda de respuestas reales, creíbles y medibles—.

¿Entendiste eso? ¿Estás seguro?

Si atrapamos tu mente vagabundeando, estás perdonado. Está bien. Pero por favor regresa y pon atención en este punto. No es una zona light. Es de crucial importancia.

Una *fe razonada* es una cosa buena. Es algo alcanzable.

El apóstol Pablo pensaba así. Cuando presentó el caso de la confiabilidad de la resurrección de Jesús a los corintios, él no les pidió que aceptaran la doctrina de la iglesia solo porque él lo decía. Primero fue a la documentación escrita: «Porque yo os entregué en primer lugar lo mismo que recibí: que Cristo murió por nuestros pecados, conforme a las Escrituras; que fue sepultado y que resucitó al tercer día, *conforme a las Escrituras*» (1 Cor. 15:3-4, énfasis añadido).

Entonces Pablo respaldó su afirmación con el testimonio de testigos oculares, diciendo que Jesús «apareció a Cefas y después a los doce; luego se apareció a más de quinientos hermanos a la vez, la mayoría de los cuales viven aún» (v. 5-6).

Pablo fue más lejos todavía. Concedió que si su afirmación sobre la resurrección de Cristo no pareciera razonable, «… vana es entonces nuestra predicación, y vana también vuestra fe» (v. 14). En otras palabras, *si no puedes darme alguna prueba de lo que Jesús hizo, entonces no hay razón para creer en él.*

¿Cómo es esto de darle a la prueba verificable un asiento en la mesa de la fe?

Por este motivo, el comentario de Pablo de que «la mayoría» de los testigos oculares de la vida, muerte y resurrección de Jesús «viven aún» es tan impresionante. Una cosa es para él decir que el Cristo resucitado fue visto por un grupo de gente que nunca podrá ser confrontada o desafiada directamente, cuya historia nunca podrá ser interrogada para encontrar inconsistencias. Otra cosa muy distinta es inducir a alguien para que vaya y encuentre a la gente que sí estuvo allí: ¡Pregúntales lo que quieras! ¡Averigua si dicen lo mismo! Pablo no temía que se buscara la evidencia. De hecho, *animó* esta clase de investigación histórica.

La Biblia fue escrita bajo la suposición de que somos los seres racionales y espirituales que el Señor esperaba que seamos, dándonos la dignidad creada para relacionar nuestra creencia con la razón. La fe cristiana no es verdad solo porque de verdad queremos creerlo, sino porque la verdad que creemos es la más probable de todas las explicaciones.

La fe *es* razonable —aunque quieran que lo sepas o no—.

Autores, expositores y profesores como Bart Ehrman confían en el supuesto de que si tú encuentras estimulantes sus llamados a la razón —esperamos que así sea— sentirás que no puedes llevar tu fe cuando vayas a explorar lo desconocido. Quieren que pienses que la fe solo puede operar dentro de claustros eclesiásticos seguros, donde no existe la necesidad de validarse ante otra cosa que *no sea* ella misma. Han creado un límite lejano, artificial y académico en el cual la fe no es tan fuerte como para viajar, donde de seguro será hecha pedazos por la dura realidad. Si quieres salir a enfrentar los duros elementos intelectuales donde ellos están yendo (¿y qué otra alternativa *tienes*, ya que ellos te pondrán una calificación por esto?), tendrás que dejar tu fe atrás, en algún lugar seguro.

Nuestro mayor problema con los críticos del cristianismo no es que hagan acusaciones históricas contra la fe cristiana ortodoxa. Eso está bien. Nuestro problema es que, para decirlo con simpleza, sus argumentos no son los mejores ni los más adecuados, ni los más *razonables*. Sin embargo, sus propuestas escépticas absorben casi todo el oxígeno de la discusión de una clase promedio, si es que no se toman hasta el último suspiro.

La fe y la razón —incluso la presencia de preguntas legítimas y espinosas— pueden ser amigas del lado del cristianismo auténtico. Y cualquier profesor de religión que no esté dispuesto a acomodar el derecho del creyente a explorar la verdad en los mismos campos de estudio que cualquier otro estudiante, ciertamente está ocultando algún tipo de inseguridad.

Lo que viene

Nadie —conservador o liberal, cristiano o agnóstico— puede probar que la Biblia es verdad (o no) con una certeza del 100 por ciento. Decir lo contrario es levantar un estándar falso para ambos lados. El proceso de rastrear el sendero histórico, que se extiende por más de 2000 años, es muy antiguo y complejo como para que cada pregunta fuera de fácil respuesta... no solo en la Biblia sino en *todo* a lo que se le atribuya una marcada antigüedad. No existe en el mundo un laboratorio de CSI donde todo debate puede resolverse en 60 minutos de trabajo policial en horario estelar.

Pero hay respuestas *razonables* que deben aceptarse y se corresponden consistentemente con la fe cristiana.

Y si alguien como Bart Ehrman puede empaquetar todos estos tópicos académicos en *best sellers* a nivel nacional con tal habilidad y persuasión para la audiencia escéptica, no hay razón por la que alguien como tú no pueda disfrutar la misma clase de tratamiento accesible al mismo material, pero desde un punto de vista cristiano sólido. Esa es la razón por la que hemos escrito este libro. Y eso esperamos que te lleves.

Estamos seguros de que estás haciendo cosas importantes en tu vida espiritual —lees tu Biblia, oras, participas en tu iglesia, sirves en algún ministerio, cuidas tu corazón, te esfuerzas por ser puro, haces lo mejor cada día como mayordomo de los dones, talentos y recursos que el Señor te dio—. Pero alcanzar una mayor comprensión de la defensa histórica del cristianismo también es importante. Y lo creas o no, es una habilidad que puedes conseguir con el mismo fervor espiritual con el que se llevan a cabo otras cosas que hacen del seguir a Cristo una vida de aventura.

Con esta meta en mente, te invitamos al más fuerte tratamiento del más duro material -el más intoxicante- sabiendo que lo puedes tomar, y sabiendo que te sentirás más capaz de sostener tu opinión la próxima vez que las preguntas rudas empiecen a volar. Preguntas tales como...

- ¿El cristianismo fue inventado?
- ¿La Biblia está llena de contradicciones irresolubles?
- ¿Dios es incapaz de librarnos del sufrimiento?
- ¿Qué le da a la Biblia autoridad o credibilidad?
- ¿Cómo podemos saber lo que dice la Biblia si no tenemos ningún original?
- ¿Los documentos bíblicos fueron falsificados para parecer más auténticos?
- ¿Por qué no fueron incluidos otros libros que eran tan valiosos como los que conforman la Biblia?

¿Te gustaría no estar nervioso ante preguntas como estas, o al menos ser capaz de percibir los agujeros sutiles del argumento escéptico, ya sea que aterricen en tu escritorio universitario, chispeen en una discusión en tu dormitorio o residan en los oscuros callejones de tus propias dudas?

¿No te gustaría algo como eso?

¿Y no sería este el mejor momento para empezar?

Preguntas de discusión

1. ¿Cuáles son algunas de las dudas o críticas que has escuchado sobre la Biblia y el cristianismo?
2. ¿Cuál es la diferencia entre fe ciega y fe razonada?
3. ¿Qué deberías hacer para seguir una fe razonada?

¿Dios existe? ¿A Dios le importa?

Entonces, ¿por qué no puede hacer las cosas mejor de lo que son?

*El Dios en que alguna vez creí era uno que estaba activo
en el mundo. Salvó a los israelitas de la esclavitud;
envió a Jesús para salvar al mundo; respondió oraciones;
intervino en favor de su pueblo cuando estaban muy
desesperados; Él estaba muy involucrado en mi vida. Pero
ya no creo más en ese Dios, porque por lo que ahora veo en
el mundo, él no interviene.*
—Bart Ehrman[1]

*Solo porque a alguien no se le ocurra una buena razón por
la que Dios permitiera que algo pase, no significa que no
hay tal razón. Otra vez vemos acechando a ese supuesto
escepticismo tenaz que tiene una enorme fe en sus propias
facultades cognitivas. ¡Si nuestras mentes no pueden sondear
las profundidades del universo y encontrar buenas respuestas
para el sufrimiento, pues, entonces, no puede haber ninguna!
Esa sí que es una fe ciega del más alto nivel.*
—Tim Keller[2]

Ok, entremos en el juego de la honestidad filosófica.

Antes de ahondar más profundamente en la fuerte evidencia que apoya una visión cristiana de la Biblia, queremos mostrarte la importancia de pensar por completo en lo que una persona está diciendo, y no solo hacer un escaneo rápido de la capa superficial, para luego dejar las cosas tal como fueron presentadas.

Cuando entras a una clase universitaria de religión, historia bíblica o cualquier otro tópico filosófico, es muy probable que el profesor tenga una perspectiva escéptica. Eso es lo que podría atraerte o quizás ofenderte, o tal vez asustarte. Es probable que solo quieras pensar al respecto. Pero sea que enfrentes al profesor cuya agenda declarada es separarte de tu fe cristiana, o que se trate de otro docente que es más o menos objetivo en su presentación sin importarle lo que hagas con ella, lo que tú no puedes hacer es darte el lujo de ir con la mente en blanco y aceptarlo todo como cierto.

No estamos hablando de contabilidad o química, donde un saldo a favor es siempre un saldo a favor y donde un ácido es siempre un ácido. En esa clase (como en muchas otras), necesitarás una pala y no una carretilla. Lo que necesitas es cavar, observar, filtrar y examinar, no solo tomar la carga que te están dando y transportarla a tu dormitorio.

Tu instructor podría ser un recién graduado de doctorado, quien ha estado luchando por esta oportunidad —tener un grupo nuevo de estudiantes con quienes darle rienda suelta a sus ideas—. Puede ser un profesor titular que está entregando el mismo material por enésima vez. También podría ser un profesor consagrado a su campo académico quien está siempre dispuesto a discutir sus tópicos contigo alrededor de una taza de café, porque de verdad cree que está formando a los grandes pensadores de la nueva generación.

Va a ser muy difícil que levantes la vista de tu asiento y que te encuentres con un profesor cuyas posiciones sean similares a lo que has aprendido que es verdad en relación con Dios, la vida y la Biblia. Por eso, una de tus tareas como estudiante (o cualquiera que desee aprender) es escuchar lo que de verdad se está diciendo y no solo escribir lo que se dice. Tú necesitarás seguir las afirmaciones por los cuatro costados hasta que —al igual que los muchos cables que están detrás del televisor— encuentres el que por fin va en el tomacorriente.

Practiquemos algo de esto ahora. ¿Estás listo?

Bart Ehrman dice que una de las razones para no creer en Dios es por la manera en que Él ha ordenado «exterminar» gente, si Él «desaprueba la manera en que se comportan».[3] También escribe, en un tono más personal: «He llegado a creer que no hay un Dios cuya intención sea calcinar niños inocentes y otras personas en el infierno, simplemente porque no aceptan un determinado credo religioso».[4]

Ahora tenemos que admitir, cuando oímos cosas como esas, que también alguna vez nos hemos hecho las mismas preguntas. ¿Realmente Dios existe? Si es que existe, ¿es justo para Él hacer que una persona determine su destino eterno solo si pasa o reprueba en cuanto a su creencia en Cristo? ¿No debería haber otros factores que contribuyan, otras circunstancias que puedan ser sometidas a evaluación? ¿No debería Dios tomar en consideración que mucha gente vive en países que están saturados con el evangelio, mientras que otros han sido vagamente expuestos a algo más que sus propias creencias religiosas (o a ninguna) en sus propias familias y culturas? ¿Cómo se supone que conozcan lo que Dios espera de ellos? ¿Por qué deberían ir al infierno por no conocer?

Admitamos que son buenas preguntas que merecen mucho más que respuestas fáciles. Pero sigamos con nuestro propósito y perforemos un poco más profundo en lo que los Ehrman de este mundo están diciendo y preguntémonos: ¿Qué hay en el fondo de su afirmación? ¿Qué están diciendo realmente cuando acusan a Dios por lo que está haciendo, cuando desafían lo que ellos perciben como la manera en que Dios opera?

Aquí está: *Dios, tú no puedes ser bueno.*

No deberías hacer las cosas de esa manera.

Deberías saber más.

Si eres real (con un gran SI), de verdad no estás haciendo bien las cosas.

Bueno… Si lo que Dios está haciendo es equivocado, ¿cómo lo sabemos? ¿Cómo podemos juzgar Sus acciones como crueles o inmorales? ¿Qué estándar usamos para medir la rectitud o equivocación de Su comportamiento? ¿O el comportamiento de *cualquiera*? Si no hay Dios, ni Palabra ni verdad, entonces, ¿qué hace que alguien que quiebra tu parabrisas sea más malo que el que lava tu auto o el que te compra gasolina? Sin algo o alguien, en algún lugar del universo, que le dé estructura a nuestra existencia, ¿sobre qué bases decidimos cuál es cuál?

Nosotros sabemos que la cosmovisión *bíblica* responde esa pregunta. Pero, ¿y la de *ellos*? ¿Cómo enfrenta su cosmovisión esos temas? Para ellos, no hay mente o Creador detrás de nuestra existencia, solo somos un conglomerado de átomos. No hay dios, bueno o malo.

Por eso nos están pidiendo que creamos que estas células de piel, vasos sanguíneos, materia cerebral y fragmentos de hueso se unieron de alguna manera —junto a los demás componentes de nuestro mundo— y establecieron un bien logrado código de moralidad para nosotros. Ellos decidieron que ayudar es bueno, mentir es malo; que servir es noble y que robar es malo. Pero si no somos más que seres accidentales sin un Creador a quien rendir cuentas, entonces esta moralidad del hazlo-bien va en contra de nuestra esencia como individuos. Es evidente que no hay un espacio racional en esta cosmovisión como para que la gente sea amable una con otra. ¿Por qué debemos ser buenos unos con otros (sin importar lo que signifique «bueno») si somos competidores en una lucha constante en donde la única regla es que debemos sobrevivir? A menos que...

A menos que algo en nuestra naturaleza creada haya sido marcado desde el nacimiento con una conciencia, con un compás moral, con un indicador inspirado que nos dice que el amor, el cuidado y la compasión son un bien sagrado. A menos que haya un alma creada que está unida a Dios y que apunta nuestros mejores instintos y sensibilidades a la realidad de haber sido creados para relacionarnos con otros y con el Creador. Y nuestra capacidad para el bien es reflejo directo de la capacidad de Dios para el bien.

- Afirmar que Dios no nos trata bien, es decir que Dios está equivocado.
- Decir que Dios está equivocado, es decir que conocemos el bien y el mal.
- Hacer esa afirmación, es decir que poseemos una conciencia en operación.
- Y una conciencia moral viene de un Creador moral.
- Esto entonces testifica de un Dios que es real y que tiene un estándar de moralidad.

Como podrás ver, solo necesitas ser cuidadoso, escuchar con atención y pensar bien —porque como dijimos, todos nos hemos hecho estas preguntas alguna vez—. ¿Cómo, por ejemplo, puede un mundo que parece estar en tan mal estado ser cuidado por un Dios que sabe lo que está haciendo o que le importa cómo somos afectados por las consecuencias? Es lógico preguntar esto. Y si eres llamado en clase para que refutes y te aventures a dar una explicación del por qué tu Dios y esas observaciones pueden existir en el mismo universo, bien podrías no ser capaz de ofrecer una respuesta. Al final podrías escoger creer lo que ellos dicen, por defecto.

Esto sucede porque el expresar duda puede sonar sutilmente como la verdad, cuando esta se acomoda al lenguaje de nuestro corazón y nuestras experiencias comunes. Y por eso es que excavar buscando un significado más profundo de lo que se está diciendo es un ejercicio vital y una habilidad que se tiene que alcanzar. Es por eso que vale la pena aproximarnos a estas afirmaciones con un radar bien activado por la investigación intelectual.

Debido a que nuestra fe es *muy* capaz de aferrarse a la razón.

Aun en medio de dilemas, tensión y misterio.

Como, por ejemplo, el misterio del sufrimiento.

¿Entendemos por qué Dios permite el sufrimiento y las penas en nuestras vidas? No del todo. Si nos ama, si Él es bueno, si se preocupa por nosotros como un Padre, si nos protege como un Pastor, ¿por qué no aplica todo ese poder declarado para prevenir que soportemos lo que a menudo parece una tragedia sin sentido? ¿Por qué no escogió librarnos a nosotros y a nuestro mundo de enfrentar tales desesperantes condiciones, agitación sin fin y flagrantes actos de maldad?

De nuevo, tenemos que decir que esas son buenas preguntas. Y nadie en todo el espectro filosófico tiene la respuesta ganadora y final —por lo menos no en este lado del cielo—. Es verdad que esta discusión está llena de elementos insuperables, aun contando con la presencia de verdades útiles, la agudeza de las enseñanzas y los principios de la Biblia. *Pero llegar a creer que Dios no existe porque Dios no parece bueno (nuestra definición de bueno) supone un marco moral absoluto el cual, si Dios estuviera ausente, no existiría.*

Subraya esto. Piénsalo.

Nota cómo este argumento del sufrimiento, cuando se usa para refutar la bondad de Dios o Su existencia, se *autocontradice* o se *autodestruye*. Defiende la misma cosa en contra de la cual también argumenta. Cualquier persona es libre de protestar en cuanto al por qué el dolor, la muerte y la enfermedad no deberían ser. Está bien. Pero no pueden saltar de allí y concluir de manera legítima que *Dios* no puede existir. Eso anularía su propio argumento.

¿Cómo sabes?

La única manera *razonable* en que alguien puede determinar que el sufrimiento y la maldad no deberían existir en el mundo de Dios y que, por lo tanto, Dios mismo no puede existir en él, es poseyendo una vista de toda la situación desde la perspectiva de Dios. Si conocieran todo lo que Dios conoce y todavía no fueran capaces de hallar una respuesta adecuada a su queja, solo entonces podrían respaldar tal afirmación.

Nos agrada la manera en que el autor y pastor Tim Keller refresca una ilustración que le pertenece al reconocido filósofo Alvin Plantinga:

> Si miras en tu tienda de campaña buscando a
> un San Bernardo y no ves ninguno, es razonable
> asumir que no hay un San Bernardo en tu tienda.

Pero si buscas en tu tienda a un jején (un peque-
ñísimo insecto con una picadura desproporcional
a su tamaño) y no ves ninguno, no es razonable
pensar que no hay ninguno allí. Porque, después
de todo, nadie puede verlos fácilmente. Muchos
asumen que si hubiera buenas razones para la
existencia del mal, serían accesibles a nuestras
mentes, más como un San Bernardo que como un
jején. Pero, ¿por qué debería ser ese el caso?[5]

Sí, ¿por qué?

(A propósito: *¿Por qué?* es a menudo una buena pregunta para
cuando estás oyendo una afirmación que, a pesar de parecer razonable, todavía no te cuadra. Quizás deberías preguntarte, *¿Por qué no?*).

Por más que quisiéramos conocer todo lo que está en la mente
de Dios, de seguro vemos la gran brecha que esto envuelve. Apenas
podemos cultivar un jardín, mucho menos hacer una hoja, un oso
panda o una supernova. No podríamos soportar lo que está en la
mente de Dios. No podríamos siquiera responder a todas las cosas
que nos serían expuestas. Y aun si pudiéramos, la realidad es que *no
podemos* conocer todo lo que Dios conoce, así como un ave que se ha
caído de su nido no entiende que la única razón por la que le estás
causando tal angustia y molestia es para llevarla de regreso a un lugar
seguro. Es de forma *razonable* que la Biblia nos llama a aceptar que
un Dios infinito no puede ser completamente entendido por seres
humanos finitos. Porque si pudiéramos, ¿qué es lo que Él no sería?
Pues... Dios.

Por lo tanto, hemos sido dejados con un aura de misterio. Algo
que no nos gusta mucho. Pero siendo tan limitados en nuestro

entendimiento —con pensamientos que no pesan casi nada en la balanza de Dios—, nosotros solo podemos observar esas cosas y ver cómo lucen desde nuestra perspectiva. No podemos declarar con certeza cómo son para Él. Es tan simple como decir que no hay manera de conocer *todas* las razones de Dios por las que ha permitido el sufrimiento como parte de la vida terrestre. Nadie puede. ¡Y todos los saben!

Afortunadamente, Él nos ha revelado *algunas* de Sus razones, las cuales son útiles e instructivas (y que, podemos decir, no estaba obligado a revelar). Pero nuestro conocimiento es todavía parcial —tan parcial, que no solo estamos actuando muy por encima de nuestras posibilidades al acusar a Dios de tratarnos de manera equivocada, sino que no sabemos cuánto peor sufrimiento padeceríamos si no fuera por la misericordia y el control de Dios—. ¿Qué pasaría si supiéramos el grado de dificultad y tragedia que Él *impidió* que experimentáramos? ¿Todavía lo consideraríamos cruel? Y quién sabe... ¿Qué pasaría si nos gustara mucho *menos* que Él nos diera todo lo que quisiéramos sin ningún tipo de privación o dificultad? —Mucho de nuestra propia experiencia nos demuestra que llevar una vida sin preocupaciones no es el ingrediente secreto de la felicidad—.

Ehrman mismo concuerda con que el sufrimiento es un concepto del mundo real que no podemos entender completamente. «Al final del día, tendríamos que decir que la respuesta es un misterio».[6] Pero él todavía insiste en que si *él* no lo entiende, si *él* no puede descifrar la respuesta, entonces no hay una explicación teológica satisfactoria para el mismo.

Pero esto solo tiene sentido si él es tan inteligente como Dios.

Y esa es una carga que nuestros hombros no pueden llevar.

¡Santos cielos!

Sin embargo, esta pequeña limitación humana no le ha impedido a Ehrman tratar de llegar allí. Él estudió los diferentes libros y géneros de la Biblia con la esperanza de catalogar las razones fundamentales para el sufrimiento que están expresadas en las Escrituras. *Quizás*, pensó, *si puedo localizar todo el instrumental, podría entender mejor por qué Dios arroja un rayo en una oportunidad y no en otra.* Él llega, al final, a un extenso sumario de cinco posibilidades (que son adaptadas de su libro *El problema de Dios*).

1. *El sufrimiento viene de Dios como castigo contra el pecado.* Él lo llama «la visión clásica». Como una nalgada.

2. *El sufrimiento es el resultado de que los seres humanos pequen unos contra otros.* Dios nos ha dado libre albedrío, la habilidad de tomar decisiones independientes, y esta libertad, algunas veces, puede dar como resultado acciones que son dañinas para nosotros y para otros.

3. *El sufrimiento es redentor.* Dios lleva a cabo un bien real o aparente a través del vehículo del sufrimiento que, al parecer, no habría sido posible sin él. Ehrman dice, a través de su experiencia personal, que enfermarse durante todo un año en su adolescencia y no poder practicar deportes en ese tiempo fue redentor porque sentó, de manera indirecta, las bases para su futura carrera como investigador académico.

4. *El sufrimiento es un examen de fe.* Dios usa el sufrimiento para revelar quién lo sirve y le cree sin importar las circunstancias.

5. *El sufrimiento es misterioso.* La frase cliché. Dios no siempre nos da una razón exacta para nuestro sufrimiento. Solo espera que confiemos en Él, que nos contentemos con saber que *Él* sabe, aun si nosotros no sabemos.

El problema con esta lista no está en la lista (que es bastante buena). El problema es que tener una linda tabla numerada de posibles opciones no empieza siquiera a indagar los más grandes propósitos de Dios al imponer o permitir el sufrimiento en nuestras vidas. Y esto sin mencionar que esta lista limita a Dios a una sola razón para nuestro sufrimiento, cuando podría haber una combinación de razones. El Señor no está atado a ninguna lista, ni tampoco está sujeto a tratar a cada persona o situación de la misma manera. No podemos averiguar Sus razones tratando de analizar el «diagrama de flujo de decisiones de Dios».

Piénsalo de este modo: Un entrenador de basquetbol puede llamar a tiempo por un sinnúmero de razones en diferentes momentos del juego. Por ejemplo: podría reconocer una debilidad en la defensa del equipo contrario que su equipo debería explotar con un juego más agresivo. Podría también desear detener un buen momento o una buena partida de uno de los jugadores contrarios. Él podría usarlo para desconcentrar en un tiro libre al lanzador opuesto. Lo podría usar para detener el reloj cerca del fin del primer tiempo. Quizás podría usarlo para forzar una revisión de la repetición o un llamado cuestionable del arbitraje.

Hemos señalado con facilidad seis diferentes opciones. Ninguna de ellas está determinada por logaritmos, sino por el flujo del juego, la naturaleza del oponente, el tiempo restante de juego o el tiempo restante para lanzar —cualquiera de esos factores y muchos otros podrían dictar el propósito del entrenador al detener el partido. Además, esto es señalado por el conocimiento personal que el entrenador tiene de los jugadores, su conocimiento de lo que cada uno de ellos puede hacer, lo que los hace jugar mejor, lo que los pone en la mejor posición durante el juego—.

¿Por qué las decisiones de Dios serían diferentes?

¿Acaso Él está atado a usar el sufrimiento de la misma manera en tu vida que en la de tus padres —o de la misma manera cada vez en tu propia vida—? El dolor podría aparecer a causa de un determinado conjunto de circunstancias aquí, y otro diferente allá. Puede ocurrir con una regularidad crónica o puede aparecer de la nada. Puede ser de largo o de corto plazo. Puede ser obvio o misterioso. Pero no hay razón para decir que alguno de esos propósitos (y muchos más) no puede existir bajo el omnisciente cuidado de la sabiduría y el conocimiento de Dios —y todavía cuadrar con Su *bondad*, no como la definimos *nosotros*, sino como *Él* lo hace—. Como Dios.

Algunas personas desean usar la Biblia para arrinconar a Dios —para analizarlo como a un insecto bajo una lupa, para poner Sus afirmaciones y acciones pasadas unas contra otras, presentándolas como contradicciones—. Pero cuando los diferentes escritores y copistas de la Escritura hablaron del tema del sufrimiento, ellos no estaban haciendo afirmaciones exhaustivas de cómo debía ser interpretado el sufrimiento. Lee la Biblia como un solo documento y verás la multifacética naturaleza del obrar de Dios en el mundo y en nuestras vidas, aun en tiempos de angustia y dificultad.

El libro de Job (por citar el ejemplo más obvio) es un clásico, una refutación en 42 capítulos de la idea de que las circunstancias dolorosas en la vida de una persona son siempre el equivalente a una golpiza. La gente tiende a pensar de esa manera. «¿Qué he hecho para merecer esto?». Pero la Biblia dice que Job era «… [un] hombre intachable, recto, temeroso de Dios y apartado del mal» (Job 1:1) y con todo «su dolor era muy grande» (Job 2:13). Es evidente que hubo otras razones detrás de su sufrimiento.

Jesús, en el Nuevo Testamento, desafió de manera específica el mismo prejuicio errado de Sus discípulos. Al ver a un ciego en el camino, preguntaron en voz alta quién había pecado para causar la penosa situación del tipo. Pero Jesús respondió: «Ni éste pecó, ni sus padres; sino *que está ciego* para que las obras de Dios se manifiesten en él» (Juan 9:3).

Sin embargo, en otras oportunidades, Jesús diría que sí, que una razón para el sufrimiento es como resultado directo de la rebelión y desobediencia humanas. Él le dijo una vez a un cojo, momentos después de sanarlo, «... no peques más, para que no te suceda algo peor» (Juan 5:14). Pero cuando respondió a un comentario que decía que algunos judíos habían sido asesinados por las autoridades romanas, Él preguntó: «¿Pensáis que estos galileos eran más pecadores que todos los demás galileos, porque sufrieron esto?» (Luc. 13:2). No.

Jesús no se contradecía a sí mismo; solo estaba diciendo que Dios tiene Sus razones. *Muchas* razones. Y el hecho de que esas razones no siempre sean iguales y que Él las aplique a Su manera y de acuerdo a Su propia sabiduría, no equivale a decir que Dios es vacilante o inconsistente, injusto o ignorante (¡o incluso inexistente!). Él nos trata individualmente, de una manera única, conociéndonos de la manera en que nos conoce y conociendo *todo* lo que hace.

Sin embargo, seamos honestos. Para la mayoría de la gente, el problema con esta lógica del sufrimiento no es que sea imposible de entender o parezca contradictoria en las Escrituras. El problema es que no les *gusta*. Y el último examen para la confiabilidad de la Biblia no puede basarse en si le *gusta* o no a la gente lo que ella dice. Cuando la gente ya sabe que las respuestas que quiere encontrar no existen en la vida real, y aun así esas son las únicas respuestas que está dispuesta a aceptar, entonces no está en definitiva buscando la verdad con una mente abierta, receptiva e inquisitiva. Ellos están siendo escépticos.

Ser la clase de escéptico que ya ha determinado a qué conclusión va a llegar no es ser tan crítico y exigente como ellos dicen ser.

Donde la vida y el misterio se encuentran

La gente quiere que Dios viva dentro de espacios preaprobados. Quieren que Dios y la vida sean predecibles, que se puedan sacar, analizar y entender por completo, como un problema de matemáticas. No quieren vivir con este nivel de misterio, de desconocimiento. «Si al final», Ehrman escribe, «la pregunta se resuelve diciendo que es un misterio, entonces ya no es una respuesta. Es admitir que no hay una respuesta».[7]

Mmm…

Es sorprendente que alguien como él, un agnóstico —que se define a sí mismo como alguien que tiene serias dudas de que Dios exista o no, o al menos no puede afirmarlo con seguridad— no les conceda a los cristianos el mismo permiso para atribuir misterio a los caminos de Dios. De seguro tu profesor sostiene esa misma clase de perspectiva agnóstica. Y cuando él afirma que la Biblia es insuficiente en su explicación del mal, no hay duda de que considera su afirmación como un golpe audaz de superioridad intelectual. Un puñetazo incrédulo que produce un nocaut a la fe. Sin embargo, si nosotros decimos que no siempre estamos al tanto del obrar de Dios o de lo que Él estaría permitiendo a través del misterio del sufrimiento humano, se considera que tomamos una salida fácil.

Él puede decirlo; nosotros, no.

Lo cierto es que el sufrimiento y la maldad tienen detrás muchos elementos de misterio, *sin importar la perspectiva o la cosmovisión que adoptes*. Y mientras esta realidad requiere que nosotros compartamos espacio en la vida con preguntas desconocidas e imposibles de responder —invitados que realmente no queríamos convocar a la fiesta—, nuestro disgusto o molestia con su presencia no significa que no puedan irse con algunos de nuestros refrescos y galletas.

Los escépticos dicen que Dios *debe* proveer mejores respuestas que las que ya nos ha dado. Él *debería* hacer que lidiar con el sufrimiento y entenderlo sea más fácil. Si Él está allí, si Él existe, nos *debe* una lógica más satisfactoria que la que nos ha dado sobre lo que está pasando.

¡Explícate!

Pero podríamos contrarrestar ese argumento con esto: *La encarnación de Dios en Cristo ya nos ha dado una explicación de Su parte.* Cuando envió a Su Hijo a sufrir, Él hizo la declaración más clara y evidente acerca del sufrimiento.

Aun si la venida de Cristo no responde cada una de nuestras preguntas específicas, la Biblia sí dice que Jesús entró al mundo y sufrió con Su pueblo, «haciéndose obediente hasta la muerte, y muerte de cruz» (Fil. 2:8). «Porque no tenemos un sumo sacerdote que no pueda compadecerse de nuestras flaquezas, sino uno que ha sido tentado en todo como nosotros...» (Heb. 4:15). «Fue despreciado y desechado de los hombres, varón de dolores y experimentado en aflicción» (Isa. 53:3).

En Su providencia y amor misterioso, el Señor no siempre decide *explicar.* Pero expresamente ha decidido *cuidar.* Y mientras Él no siempre nos satisfará con las respuestas que esperamos, Él sí ha prometido y probado, una y otra vez, que puede satisfacer a Su pueblo con plenitud de gozo, aun cuando estemos en medio de lo que pareciera ser un sufrimiento injusto y hasta insoportable.

Apuntemos las palabras de Alvin Plantinga:

> Sería fácil ver a Dios remoto y desinteresado, permitiendo todos esos males; inconmovible, con el fin de obtener resultados que sin duda son loables pero poco tienen que ver con nosotros, y con

poco poder para aliviar nuestras tristezas. Sería
fácil verlo frío e insensible —y si fuera amoroso,
entonces tal amor por nosotros poco tendría que
ver con nuestra percepción de bienestar—.

Pero Dios, como lo vemos los cristianos, no es
remoto ni desinteresado. Sus metas y objetivos
podrían estar más allá de nuestro conocimiento y
podrían requerir de nuestro sufrimiento, pero Él
mismo se ha preparado para aceptar un sufrimiento mucho más grande en la búsqueda de esos
mismos fines.[8]

En su análisis final, Alister McGrath dice: «Una disposición a
vivir con preguntas imposibles de resolver es una marca de madurez
intelectual, no un asunto de lógica sinsentido».[9] La encarnación podría
no dar una completa explicación satisfactoria al problema *teórico* del
mal, pero sí provee la respuesta poderosa y personal de Dios al problema
existencial del mal —a las experiencias que vivimos como personas—.

Y si alguien no puede estar satisfecho con lo lejos que Dios llegó
al abandonar el cielo para ministrar las necesidades humanas, pues,
en definitiva, esa persona no estaría satisfecha aun si un hombre
resucitara de entre los muertos para probarlo.

Problemas de fondo

La mayor parte de las dudas sobre Dios y el sufrimiento se derivan de
dos raíces principales: (1) el rechazo de ver a Dios ejerciendo derechos

divinos sobre Su creación; (2) la minimización de la rebelión humana contra su Creador.

Tenemos que admitir que algo dentro nuestro nos lleva a resistir el mensaje detrás de estas verdades. No queremos un jefe. No queremos rendirle cuentas a Dios. No queremos pensar que somos malos, pecadores, malvados o perversos. Pero si la gente quiere tratar con objetividad los «problemas» de Dios en el tema del sufrimiento, tiene que abordarlos con algo más que simplemente lo que siente y quiere. Tienen que estar dispuestos a retroceder por un momento en sus sistemas opuestos de creencias y venir y encontrarse con la Biblia en el mismo campo de juego.

Por cierto, esas son las reglas de juego para cualquier tipo de debate teórico. Imagina, por ejemplo, que alguien te está presentando su caso sobre la legitimidad de la evolución. Si la única clase de respuestas que puedes ofrecer empiezan con: «Eso no es lo que la Biblia dice», será muy poco lo que puedan avanzar en sus posiciones. Es probable que a esa persona le importe poco lo que diga la Biblia, pues le da poca o ninguna autoridad en esa discusión. Y tu insistencia en poner la Biblia por delante no solo no logrará persuadir a la otra persona, sino que además te mantendrá sordo a lo que está diciendo.

No, con el fin de entender por qué alguien cree firmemente en la teoría naturalista evolucionista, tú debes, de manera provisional, suspender por un momento tu creencia en Dios y comprometerte con la otra cosmovisión en sus propios términos, no en los tuyos. Tienes que jugar en su lado del campo, con sus reglas, exponiendo sus inconsistencias al abordar sus *propios* problemas dentro de su *propio* campo, empezando con sus presuposiciones y sus bases, no con las tuyas.

Aquí es donde la mayoría de los argumentos escépticos fallan. Ellos quieren despotricar contra la postura bíblica del sufrimiento, por ejemplo, sin mostrarnos —basado en lo que la *Biblia* dice— por qué no debemos llegar a las conclusiones a las que llegamos o por qué estamos siendo inconsistentes en nuestro pensamiento. Ellos solo dicen: «Eso no es lo que yo creo». Bien, eso está bien si lo único que desean es sentirse a gusto con sus opiniones. Pero si esperan tener una oportunidad para cambiar nuestras mentes, entonces tendrán que perforar algunos agujeros en las bases de la Escritura y mostrar por qué no pueden ser correctas o confiables. De otra manera, solo están lanzando bombas de humo.

Te mostraremos cómo funciona con los puntos principales de esta sección:

Raíz # 1 - Dios no tiene el derecho de juzgar o castigar.

Entendemos por qué esta doctrina está entre las más ofensivas de todas las enseñanzas cristianas. Sabemos lo que hace del infierno un tema de sermón muy impopular. Pero si Dios es Dios, como la Biblia claramente lo afirma, entonces no necesita el permiso de nadie para hacer lo que le plazca. Puede que esto no nos *guste*. Pero si alguien quiere desafiar la verdad bíblica de que Dios es Dios y, por lo tanto, tiene el derecho de condenar a alguien al infierno, por ejemplo, debe hacer algo más que simplemente expresar su gran desprecio personal hacia ella. *Muéstrenos, señor, de entre todo lo que la Biblia enseña, por qué las acciones de Dios deben contar con su aprobación y con la nuestra.*

Tim Keller escribió sobre una discusión que tuvo con una dama que compartía este tipo de rechazo a la concepción de Dios como juez. Keller le preguntó si ella también estaba molesta con la idea de un Dios dador y misericordioso. *Por supuesto que no.* Todavía en todos los rincones del planeta hay personas que se sienten igual que esa mujer. Occidentales seculares como nosotros, Keller explica, casi de manera inherente, rechazamos la doctrina del infierno; sin embargo, con mucha frecuencia encontramos que las enseñanzas de la Biblia sobre el perdón y dar la otra mejilla son muy atractivas. Las sociedades tradicionales, sin embargo, tienden a tener mucho menos problema para aceptar la idea del juicio de Dios que el que tienen para aceptar la misericordia. La sola idea de perdonar una deuda es repugnante para ellos, impensable, sinsentido —la misma clase de reacción que podríamos sentir cuando oímos de lagos de fuego y un eterno rechinar de dientes—. Se «ofenden» con un Dios perdonador, así como nosotros estamos condicionados a ofendernos ante su juicio y su justicia. Keller concluyó preguntándole a la mujer: «¿Por qué las sensibilidades culturales deben ser la última instancia en la que se juzgue si el cristianismo es válido o no?».[10]

¿Alguna vez lo has pensado de esa manera? ¿Por qué los resultados de la encuesta a los norteamericanos del siglo XXI tienen que ser el veredicto final en cuanto a lo que es aceptable del carácter y la naturaleza de Dios? ¿Cómo se atreve Dios a no corroborar con nosotros primero? Pero si Dios es Dios —y esa es la posición bíblica—, ¿qué hace que Él esté equivocado al escoger Sus propias acciones?

Raíz # 2 - La doctrina bíblica del pecado y la caída.

Si alguien subestima los efectos de esta única realidad de la existencia humana, esa persona nunca tendrá éxito al profundizar en esos «problemas» con la Biblia.

En sentido general, todo sufrimiento está enraizado en la rebelión contra Dios. No había ningún tipo de sufrimiento en el Paraíso creado por Dios, el Jardín del Edén en donde fueron puestos el primer hombre y la primera mujer. Pero cuando pecaron, el orden perfecto creado por Dios se retorció en una espiral descendente. Y en cada sucesiva generación, cada persona que ha vivido —¡*nosotros!*—, todos somos parte de esa rebelión. No *merecemos* vidas libres y fáciles. (Una dura declaración, pero en consonancia con la cosmovisión bíblica). En un mundo como el nuestro, hostil e indiferente a Dios, ¿por qué esperamos *no* estremecernos con los resultados dolorosos de ambos, nuestro pecado cósmico e individual?

Muchas personas limitan su entendimiento del mal a un nivel horizontal —gente haciéndole daño a otra gente—. La Biblia, sin embargo, afirma que aun la naturaleza relacional del mal y el sufrimiento entre personas es, en esencia, una rebelión vertical contra Dios, Su autoridad, Sus principios y Su dominio. Cuando el Rey David, consumido por la vergüenza por sus actos de adulterio y asesinato, le dijo al Señor: «Contra ti, contra ti solo he pecado, y he hecho lo malo delante de tus ojos» (Sal. 51:4), él estaba experimentando con dolor una profunda verdad bíblica. No solo les causamos daños a *otros* cuando les mentimos, les robamos, abusamos de ellos o los maltratamos. Finalmente estamos ofendiendo a un Dios santo y recto.

La Biblia dice: «Por cuanto todos pecaron y no alcanzan la gloria de Dios» (Rom. 3:23). Esto significa que nacimos con una naturaleza que se opone a Él. No necesitamos mirar más allá de las últimas 24 horas para ver que la Biblia cobra vida en este tema —en *tu* vida, en *nuestras* vidas—. Obedecerle es difícil para nosotros. Sin embargo, pecar es pan comido. Estamos estructurados para ignorarlo, para tratar de anularlo, para hacer lo que nos venga en gana. Y lo hacemos sin siquiera detenernos a pensar, que aun la habilidad que necesitamos para pecar contra Él, es dada por Dios mismo —la mente, los músculos, la respiración involuntaria, el corazón que bombea la sangre y todo lo que usamos para desafiarlo—.

Así que cuando vemos las más básicas perspectivas bíblicas —la doctrina del pecado y la caída—, el verdadero misterio no es que suframos. El misterio es que nos permita disfrutar cualquier bendición: el sencillo placer al sonreír, caminar en el pasto, el sentimiento energizante luego de hacer deportes, el calor de la familia y los amigos. Quizás desde esta perspectiva tendríamos que reflexionar también sobre el «problema del bien» —por qué algunos de nosotros deberíamos experimentar la abundante, aunque a veces inadvertida, presencia de la misericordia y provisión en nuestras vidas diarias—.

Esto solo es posible por la gracia —la *gracia común*— de Dios.

Si alguien pretende poner en duda Su existencia, por el sufrimiento y la maldad que hay en el mundo, tendrá que explicar de dónde viene esta idea preconcebida. Si cree que, de alguna manera, a nosotros se nos debe Su bondad y bendición, y que cualquier sufrimiento equivale a una negativa de Dios de concedernos lo que obviamente merecemos (si es que existe, como para concederlo), entonces deberá explicar cómo esto procede, de manera lógica, dado lo que creemos acerca de la naturaleza humana.

Mucha gente desea declarar a Dios inmoral por hacernos habitar con el mal y el sufrimiento. Pero aquí está la parte importante que no debemos olvidar: solo tienen éxito en mostrarnos por qué se *sienten* así, no por qué es así. Intentan desacreditar la Biblia al dispararle con sus propios argumentos, esperando que aceptemos sus afirmaciones porque compartimos las mismas sospechas y experiencias. Sin embargo, durante todo el tiempo la Biblia se mantiene consistente, aunque sea malentendida, tergiversada y mal juzgada. Y Dios permanece absuelto.

¿Por qué le pasan cosas malas a la gente buena? La respuesta de la Biblia es: *esto no sucede*. Aunque es obvio que distintos grados de bondad distinguen a una persona de otra —un Hitler de una Madre Teresa, por ejemplo—, la Biblia enseña que todos nosotros, a nuestra manera, hemos golpeado a Dios en la cara, agitado nuestro puño desafiante hacia el cielo y demostrado nuestra particular intención de hacer las cosas a nuestra manera. Así que, si a través del sufrimiento no obtenemos lo que merecemos, es solo porque merecemos algo mucho peor.

El escéptico nostálgico

Volvamos a nuestro punto inicial: sin la existencia de Dios, nadie tiene base suficiente para hacer esos juicios morales contra Él. Claro, ellos pueden discutir y no estar de acuerdo con nosotros en todo lo demás de aquí en adelante. Pero donde sea que nos comprometamos en un debate ético de cualquier clase, estaremos probando, por la naturaleza de nuestra conversación, que estamos en la presencia de Dios. Sin Dios, lo correcto y lo incorrecto no hallan definición en el diccionario.

Dios está aquí. Punto.

Por eso no dejes que nadie te haga sentir que ser intelectualmente reflexivo significa aceptar que Dios no es real.

Pero tú puedes estar completamente de acuerdo en una sola cosa: *la dura realidad que sentimos dentro de nosotros y que vemos en el mundo que nos rodea no es como debería ser.* Es obvio que algo salió muy mal. No, el problema no es con Dios; pero sí, todavía hay un problema.

Sin embargo, es posible que lo que la gente siente al desacreditar a Dios y Su bondad no es tanto una frustración innata o una queja, sino más bien un anhelo oculto, colocado allí por Aquel que plantó Su propia imagen en el cuerpo y el alma de cada persona que Él creó. Quizás, como lo escribió Alister McGrath, este dilema es «un asunto del corazón más que de la cabeza». «¿De dónde viene esta profunda intuición de que el sufrimiento y el dolor no son correctos?... ¿Qué si esta intuición apunta a algo más profundo, algo incorporado en nosotros que refleja nuestra verdadera naturaleza e identidad? ¿Y si esta repugnancia contra el sufrimiento y el dolor es un recuerdo del Paraíso, por un lado, y una anticipación de la Nueva Jerusalén por el otro?».[11]

Quizás este es el clamor del espíritu humano por Dios.

El mundo que la gente piensa que podemos construir con suficiente esfuerzo humano —un mundo sin pobreza, sin SIDA, con montones de buena voluntad y cooperación—, ya ha sido creado por el único que es capaz de crearlo. Él lo ha hecho a pesar del orgullo humano, de la lujuria humana y del rechazo humano a Su autoridad divina, los cuales han invitado a todo este sufrimiento a entrar en nuestras vidas.

Así es como la Biblia describe lo que ha de venir: Jesucristo, quien escogió morir por nosotros «siendo aún pecadores» (Rom. 5:8), ha partido para «preparar un lugar» para Su pueblo (Juan 14:2) —«un nuevo cielo y una tierra nueva» donde Él «enjugará toda lágrima», donde «ya no habrá muerte» y donde «ni habrá más duelo, ni clamor, ni dolor» que toque nuestra puerta otra vez—. Las viejas experiencias de sufrimiento y maldad representarán «las primeras cosas» y ellas «han pasado» (Apoc. 21:1,4). Y ya que el paraíso eterno es algo que todos anhelan, quizás esa sensación con respecto al quebrantamiento de nuestra situación actual, que incluso los escépticos perciben de alguna manera, está señalándonos hacia el día en que Dios *hará* todas las cosas nuevas.

Por supuesto, nosotros nos unimos a otras personas que desean hacer de este mundo presente el más pacífico, productivo y compasivo posible. Pero no importa cuánto lo intentemos, nunca superará lo que es —un hogar para pecadores obstinados cuyas opciones, tanto personales como generacionales, no dejarán más alternativa que trabajos y problemas—.

Algunos dirían: «No, si Dios existe, *Él* es responsable por todo el mal en el mundo, no nosotros —la sangre está en *Sus* manos—». Pero la Biblia dice que la única sangre en las manos de *Dios* es la sangre expiatoria de Cristo —sangre que perdona los pecados del creyente, sana sus enfermedades, nos redime del infierno que merecemos y nos satisface con su bondad para siempre (Sal. 103:3-5)—.

Aquel al que algunos culpan por todo el sufrimiento es el único que ha hecho todo lo que era necesario hacer para resolverlo.

Preguntas de discusión

1. ¿Puedes dar algunos ejemplos de dolor y sufrimiento en tu vida?
2. ¿Cómo nos ayuda el entendimiento cristiano de la crucifixión de Cristo a enfrentar el sufrimiento?
3. Si imaginamos que Dios no existe, ¿qué implicaciones habría con respecto al sufrimiento y la maldad?
4. ¿Por qué la existencia del mal y el sufrimiento no puede refutar la existencia Dios? ¿De qué manera el mal y el sufrimiento sirven como un poderoso argumento para la existencia de Dios?

3

Hagamos una Biblia

¿Quién escogió los libros y de dónde salieron?

*¿Qué pasaría si el Nuevo Testamento no contuviera el
Sermón del Monte de Jesús, sino las enseñanzas gnósticas
de Jesús entregadas por sus discípulos después de su
resurrección? ¿Qué pasaría si el Nuevo Testamento no
contuviera las cartas de Pablo y Pedro, sino las cartas
de Tolomeo y Bernabé? ¿Qué pasaría si el Nuevo
Testamento no contuviera los Evangelios de Mateo,
Marcos, Lucas y Juan, sino los evangelios de Tomás,
Felipe, María y Nicodemo?*
—Bart Ehrman[1]

*El extenso catálogo de Ehrman apuntando a la diversidad
presenta un interesante estudio histórico, pero no prueba
lo que él supone que hace; esto es, que los libros apócrifos
pueden reclamar el mismo derecho de originalidad que
los libros del Nuevo Testamento. La única manera en que
la mera existencia de material diverso podría demostrar
tal cosa sería si no existiera diferencia alguna entre los
libros del Nuevo Testamento y los apócrifos. Pero, esta es*

una enorme suposición que se deja entrever dentro del
argumento sin ser probada.
—MICHAEL KRUGER[2]

L a Biblia no es solamente el libro más vendido de todos los tiempos;
es también el más vendido del año, de todos los años y también
de este año. Y no solo por una escasa diferencia, sino por casi el
doble —para ser honesto, probablemente aún más— que su más cercano competidor en el mercado. Las cifras reales exactas de venta de
Biblias son difíciles de determinar.

Recuerda, estamos hablando de gente que compra un libro que,
en la mayoría de los casos, ya tiene (el promedio de Biblias en un
hogar norteamericano es de cuatro). Aun las estadísticas más con-
servadoras de ventas de Biblias en los Estados Unidos pondrían la
cifra en alrededor de veinticinco millones de copias anuales.[3] Y seguramente esto solo refleja una porción de las ventas. Añade a esto las
ventas internacionales, las donaciones, las compras ministeriales y las
que se reparten en las misiones. Si Dios no fuera ya el dueño del oro
y la plata, imagínate las regalías.

Pero mientras la demanda por este producto es estratosférica y no
muestra signos de caída —desde ahora y hasta que Cristo venga—,
mucha gente (y aun cristianos) están desorientados en cuanto al material particular que compone la Biblia. Se preguntan, ¿por qué *esos*
libros? ¿Por qué no otros?

A diferencia de otros libros que descansan en las repisas de las
librerías y en imágenes de librerías en línea, la Biblia no fue creada
en un rapto de inspiración sobre una servilleta o con la esperanza de
convertirse en un éxito editorial. Sus autores no fueron reunidos como
un gran elenco de estrellas para un concierto benéfico ni alcanzó

fama gracias a una intensa campaña publicitaria en los medios de comunicación. Mucho menos es la idea original de un inversionista poderoso que envió invitaciones a los más famosos escritores, con la esperanza de llenar las páginas de un gran proyecto de antología literaria nunca antes conocida por el ser humano.

Entonces, ¿la Biblia simplemente evolucionó? ¿Empezó con algunas pocas secciones y fueron añadiéndose otras a medida que aparecía algo bueno? ¿Hubo una junta literaria que fomentaba nuevas propuestas y rechazaba otras que no estaban a la altura? ¿Sobre qué bases fueron aceptados estos libros y por qué motivos fueron enviados de vuelta al tintero otros «buenos intentos»?

Todo parece bastante arbitrario y sospechoso.

Pero no, no lo es de ningún modo. Te lo demostraremos.

Así es como lo haremos. Ya que las preguntas más frecuentes en las clases tienen que ver con el *Nuevo Testamento*, enfocaremos este capítulo en esa porción de la Biblia. Los libros que formaron lo que conocemos como el *Antiguo Testamento* —las Escrituras hebreas— ya estaban establecidos para esa época. Jesús y Sus apóstoles, en base a declaraciones y citas de pasajes que aparecen en las Escrituras, ciertamente aceptaban la mayoría de estos libros como inspirados por Dios y por tanto llevan Su autoridad. Algunas tradiciones religiosas que seguramente conoces —los católicos romanos en particular— aceptaron además un conjunto de libros apócrifos posteriores. (La palabra *Apocrypha* indica que algo es de dudosa autenticidad). Pero muchas de las personas que consideran esos escritos adicionales como útiles e instructivos de manera categórica reconocen, sin embargo, que esos libros no se comparan con los otros. Casi no hay conflicto en cuanto a la base del Antiguo Testamento que vemos usada en el Nuevo Testamento (la Ley, los profetas principales como Isaías y Jeremías, los Salmos y los Proverbios).

Pero cuando nos volvemos a los primeros años de nuestra era —los días que giraron directamente alrededor de la vida de Jesucristo y la aparición de la iglesia—, vemos algo más: la creación orgánica de la Sagrada Escritura que finalmente vendría a estar compuesta de 27 libros, Evangelios, Hechos, cartas del Nuevo Testamento y el Apocalipsis.

Y no es del todo sorprendente que nosotros detectemos un evidente leve aumento de escepticismo. Pero te haremos una advertencia desde el principio: los argumentos en contra de la construcción del Nuevo Testamento son, en el mejor de los casos, endebles. Sus inquisidores han trabajado muy duro para cuestionar los orígenes y la validez de los escritos, pero los vacíos en sus afirmaciones son grandes y confusos. Esto se debe a que defender la composición del Nuevo Testamento es una posición sumamente fuerte, reforzada por toda clase de evidencia razonable. Para el momento en que hayas recorrido las páginas de este capítulo con nosotros, te darás cuenta de qué estamos hablando.

Empecemos ahora mismo.

Pon en marcha el canon

La impresión que los escépticos quieren dejar es que el catálogo aceptado de los libros del Nuevo Testamento fue cincelado por concilios formales de la iglesia durante el siglo IV d.C. (Hablaremos más de los concilios en el capítulo seis). Esto suena como un comité premiador, que revisa postulaciones y ensayos, escoge aquellos que vale la pena aceptar, para luego establecer un sistema de evaluación que juega a su favor y fija las metas de la institución.

Nada puede estar más alejado de la verdad.

En primer lugar, el concepto total de *canon* (un grupo de textos que son reconocidos como autorizados) no era visto como un simple pretexto legislativo imaginado por un grupo de miembros del comité. La importancia del canon abarcaba una larga historia. Para el tiempo de las grandes reuniones de la iglesia alrededor del siglo III, el canon del Nuevo Testamento *se había estado formando por sí mismo —y ya se había cerrado a nuevas entregas— durante generaciones.*

La evidencia sugiere que la iglesia primitiva, cuya estructura se empezó a desarrollar muy rápidamente después de la ascensión de Jesús y de los asombrosos eventos del Pentecostés (Hechos 2), se dio cuenta de inmediato de que estaban tratando con algo grande en lo que se refiere a ciertos escritos. En poco tiempo, esos escritos se convirtieron en material de gran utilidad y empezaron a circular entre las iglesias locales. Habiendo sido criados con el canon judío de las Escrituras, los primeros cristianos empezaron a reconocer que el «Nuevo Pacto» en Cristo, que surgió del «Antiguo Pacto» del pueblo judío con Dios, debía encontrar su camino de manera natural en un cuerpo de textos escritos. Mientras esos grupos del primer siglo empezaban a vivir su nueva vida en Cristo, Dios mismo iba trabajando en inspirar y suplirles con documentos que albergarían Sus enseñanzas e historia, preservándolas para la posteridad.

Tú mismo podrías observar este proceso delante de tus ojos al recorrer las páginas de tu propia Biblia. Los siguientes tres ejemplos señalan un conocimiento temprano entre los creyentes de que las Escrituras estaban floreciendo delante de sus ojos. Nuestra primera selección viene de la pluma del apóstol Pedro al referirse a las cartas de Pablo. Enfócate bien en la última línea: «y considerad la paciencia de nuestro Señor como salvación, tal como os escribió también nuestro amado hermano Pablo, según la sabiduría que le fue dada. Asimismo en todas *sus* cartas habla en ellas de esto; en las cuales hay algunas cosas difíciles de entender, que los ignorantes e inestables tuercen —como también tuercen *el resto de las Escrituras*— para su propia perdición» (2 Ped. 3:15-16, énfasis añadido).

Pedro menciona este pensamiento casi de pasada, como si nadie pudiera sorprenderse al oírle decir que estaba poniendo los escritos de Pablo a la par con las Escrituras del Antiguo Testamento. Ehrman cree que 2 Pedro es un fraude compuesto por un escritor a principios del siglo II. (Trataremos esto pronto). Pero aunque alguien pusiera una fecha tardía para el autor de esta carta, ella todavía muestra un canon emergente mucho antes de que se reunieran los concilios de iglesias del siglo IV.

Vamos al segundo ejemplo, tomado de la Primera Carta de Pablo a Timoteo: «Porque *la Escritura* dice: No pondrás bozal al buey cuando trilla, y: El obrero es digno de su salario» (1 Tim. 5:18, énfasis añadido).

Algunos dicen que *no es* Pablo el que habla acá y por eso quieren empujar la fecha de escritura a alrededor del 100 d.C. Pero otra vez, deja esto a un lado y fíjate en lo que está pasando aquí. Una cita de Deuteronomio 25:4 (la del buey) es vinculada con lo que parece ser Lucas 10:7 —una cita del Nuevo Testamento con las palabras de Jesús—. Esto nos da otra pista en nuestra búsqueda de la autenticidad. Los cristianos del primer siglo estaban viendo el Evangelio de Lucas, o al menos algunos dichos de Jesús citados allí, en la misma jerarquía que los escritos del Antiguo Testamento.

Un ejemplo final. Pedro, otra vez: «Amados, esta es ya la segunda carta que os escribo, en ambas, a manera de recordatorio, despierto en vosotros vuestro sincero entendimiento, para que recordéis las palabras dichas de antemano por los santos profetas, y el mandamiento del Señor y Salvador declarado *por vuestros apóstoles*» (2 Ped. 3:1-2, énfasis añadido).

«Los santos profetas» y los «apóstoles». El Antiguo y el Nuevo Testamento juntos —justo aquí en la misma oración— mostrando que, en la historia de la iglesia, el canon completo era visto junto desde una época muy temprana. Ya para el siglo II, Ireneo, uno de los padres de la iglesia, utilizó un grupo de escritos autorizados apostólicos compuesto por 20 de los 27 que serían los libros del Nuevo Testamento, incluyendo una lista específica de los muy aceptados cuatro Evangelios: Mateo, Marcos, Lucas y Juan.[4] Otro documento antiguo, el Canon Muratorio —que es probable que sea la lista más antigua de libros cristianos autorizados (alrededor del 180 d.C.)— también afirma que los cuatro Evangelios del Nuevo Testamento son los únicos reconocidos como Escritura.[5]

Esto significa que las 13 cartas de Pablo, poco después que los cuatro Evangelios y otros escritos apostólicos, ya estaban viéndose como del mismo peso que las Escrituras. Ireneo menciona cada una de las epístolas de Pablo excepto Filemón, mientras que el Canon Muratorio las incluye todas. Cierta medida de debate continuaría durante algunos años con respecto a algunos libros periféricos (2 Pedro, 2 y 3 Juan, Santiago y Judas), pero el núcleo central del canon del Nuevo Testamento parece haber sido sancionado, de manera consistente por toda la iglesia, para mediados del *siglo II* —mucho antes de que los concilios hayan obtenido los medios políticos para forzar la salida de los libros heréticos—.

Esto nunca fue un concurso. Nunca lo fue.

Así es que mientras algunos estudiosos presentan las agendas de reuniones de los siglos posteriores como intrigantes y conspirativas en términos de cómo se estableció la Biblia, la verdad no los asiste.

Los primeros cristianos —debido a sus profundas convicciones en cuanto al rol fundamental de los apóstoles— ya hacía mucho tiempo que habían considerado cerrado el canon de las Escrituras a cualquier otro escrito compuesto después de la muerte de esos hombres. Un libro conocido como el Pastor de Hermas, por ejemplo, fue rechazado por los creyentes a principios del siglo II, solo porque estaba «escrito muy recientemente, en nuestros tiempos».[6] Los líderes de la iglesia en las generaciones siguientes se harían eco de ese sentimiento, tal como lo hizo Orígenes quien nombró todos los 27 libros del Nuevo Testamento en un sermón de principios del siglo III.[7] Otro ejemplo lo encontramos en Dionisio, Obispo de Corinto en la mitad del siglo II, quien se esmeró en distinguir sus propias cartas de las que ya él llamaba «Las Escrituras del Señor».[8] Dionisio también creía que el canon estaba cerrado y que ya no podría incluirse ningún escrito. Además, algunos libros populares fueron excluidos expresamente aun antes de que esos concilios se reúnan. Por ejemplo, Orígenes exhortó en algún momento a sus iglesias a que no lean el Evangelio de Tomás.

En conclusión, los libros del Nuevo Testamento fueron reconocidos (no seleccionados) como algo que se fue aceptando de manera natural y eran usados por las iglesias porque los consideraron como algo único y de especial valor.

En pocas palabras: El establecimiento del canon ortodoxo fue apenas una propuesta ingeniosa de algunos asistentes y consejeros inteligentes de los miembros de la iglesia en los concilios de los siglos III y IV.

En realidad, ¡*el canon ni siquiera fue un punto de discusión en aquellas reuniones*! Esas asambleas fueron convocadas con el propósito de clarificar algunas posiciones teológicas (tales como quién es Jesús en realidad o definir la Trinidad). La única razón por la que el canon entró en la discusión fue porque los líderes de la iglesia usaron esos libros para defender sus diferentes argumentos, opiniones e interpretaciones.

Aquellos hombres no se reunieron en una gran ciudad para *hacer* una Biblia; la Biblia ya era una sola desde hacía mucho tiempo. Sin embargo, los escépticos quieren hacerte pensar que un buen número de otros libros y Evangelios —igualmente válidos y que comparten los mismos derechos de los demás para ser considerados Santas Escrituras— fueron arrojados del canon sin darles el tiempo para ser examinados con justicia.

Bueno, veámoslo.

A kilómetros de distancia

Entre los argumentos de los escépticos, uno de los más oídos es el que afirma que no hay manera de distinguir entre los libros que fueron incluidos en el Nuevo Testamento y los escritos que fueron excluidos. Los escépticos afirman que esta elección es comparable con un concurso de cantantes con jueces subjetivos quienes ya tienen un ganador, muy a pesar de los talentos y la calidad similar de todos los concursantes. La verdad es que los libros que los escépticos citan con regularidad —tales como los mencionados por Ehrman al principio de este capítulo— no suenan como los que están en el coro bíblico. Ninguno de los primeros creyentes hubiera endosado estos libros o los hubiera metido en el canon aceptado de las Escrituras.

Ya que escucharemos este mismo tipo de afirmaciones, veamos los libros que Ehrman menciona.

Para empezar, existe un amplio acuerdo entre los estudiosos al fechar la autoría de estos supuestos competidores alrededor del siglo

II y III, junto con las facciones del cristianismo que ellos típicamente representan, como el gnosticismo. (Hablaremos más de esto también en el capítulo seis). A diferencia de los libros del canon del Nuevo Testamento, estos libros seleccionados no tienen un vínculo conceptual con el primer siglo. Sus autores atribuyen su trabajo a importantes personajes de la Iglesia Primitiva, buscando darles autoridad a sus escritos. Pero no hay ninguna evidencia que ubique alguno de esos documentos en el contexto de las vidas y ministerios de los apóstoles.

A continuación mencionamos algunos de los libros de los que estamos hablando.

La Carta de Tolomeo

Esta obra es de un autor gnóstico del siglo II, probablemente cerca del 150-170 d.C. El escritor estaba comprometido con una forma de gnosticismo que afirmaba que el Antiguo Testamento no provenía de Dios, sino de una deidad intermedia denominada «demiurgo». El autor no decía ser seguidor de Jesús ni acompañante de alguno de ellos. ¿Te suena como alguno de los libros del Nuevo Testamento con los que estás familiarizado? Ni de cerca. No hay versículos que recordar.

La Carta de Bernabé

Compuesta en el siglo II por un autor desconocido, el autor de esta carta afirma haber sido el compañero de buen espíritu de Pablo durante su primer viaje misionero. Este libro popular fue citado algunas veces en los escritos de ciertos líderes de la iglesia del siglo II y III, pero solamente de la misma manera en que tu pastor incluiría una línea de un libro que leyó en uno de sus sermones. Nadie implicó nunca que la Carta de Bernabé cargara la misma influencia que las Escrituras.

La Carta de Tomás

Este libro no es un Evangelio conforme al patrón de los cuatro Evangelios de la Escritura. No contiene una línea histórica, no es narrativo, no hay recuentos del nacimiento de Jesús, Su muerte o resurrección. Contiene 114 dichos que son atribuidos a Jesús y, aunque algunos de ellos se parecen a los que oímos en Mateo, Marcos, Lucas o Juan, muchos de ellos son extraños e inusuales. Un amplio consenso ubica estos escritos a lo largo del siglo II, pero nunca llegó a formar parte de las discusiones canónicas de ninguna época. Ya Cirilo de Jerusalén advirtió que no se debía leer en las iglesias[9] y Orígenes lo caracterizó como un Evangelio apócrifo.[10] La siguiente frase resume todo lo dicho: «Si Tomás es considerado cristianismo original y auténtico, entonces ha dejado muy poca evidencia histórica de esa realidad».[11]

El Evangelio de Felipe

Nos encontramos otra vez con un documento gnóstico, escrito probablemente durante el siglo III, mucho después del tiempo de los apóstoles. Muestra una clara dependencia del material del Nuevo Testamento y está estructurado más como un catecismo teológico para gnósticos que como una narrativa histórica. La fecha y el contenido lo dejan muy lejos del alcance de lo que era considerado Escritura en la iglesia temprana.

El Evangelio de María

También de origen gnóstico, este libro parece haber sido desarrollado a partir del material del Nuevo Testamento para que coincida con las propias creencias del autor y no afirma estar basado en un testimonio ocular. Escrito en el siglo II.

El Evangelio de Nicodemo

Con un origen mucho más tardío —siglo V o VI—, este escrito es un relato ficticio de la interacción entre Jesús y Poncio Pilatos, así como lo que Jesús experimentó en el infierno entre Su muerte y Su resurrección. No hay buenas razones para afirmar la legitimidad histórica de los acontecimientos descritos y es evidente que no hay razón para pensar que pertenece a las Escrituras.

Aquí los tienes. Estos son algunos de los otros «Evangelios» más discutidos. Y claro, es muy poco lo que justifica incluirlos en el círculo de las escrituras del Nuevo Testamento. A decir verdad, un estudio importante realizado nada menos que por Bruce Metzler —el mentor de Bart Ehrman en Princeton— establece que los libros, que a su debido tiempo conformarían el canon aceptado, ya cumplían una función de autoridad *antes* de que formaran parte de cualquier lista canónica. Pero Ehrman y otros siguen argumentando que los libros que acabamos de resumir estaban a la altura de los demás y fácilmente podrían haber estado en nuestras Biblias junto con los libros que conocemos.

La única manera de que esta afirmación parezca creíble no es resaltando las debilidades obvias de estos escritos apócrifos, sino tirando abajo los libros cuya tradición y legado han hablado con fuerza desde el principio en favor de su inclusión en las Escrituras. En vez de levantar los libros cuestionables, ellos son forzados a arrastrar por el suelo los libros incuestionables poniendo en duda sus credenciales, su integridad y su legitimidad, haciendo que los discípulos de Jesús parezcan analfabetos y acusando a toda la literatura bíblica de haber resultado de un plan bien elaborado.

Nombres de marquesina

Cuando Bart Ehrman publica un nuevo libro, él realiza una campaña nacional de firma de libros y conferencias, con visitas a los medios en Nueva York y California, y participación en los programas de entrevistas más populares. Eso es lo que obtienes cuando escribes un mega best seller y tienes talento para aparecer delante de las cámaras.

¿Pero qué hacemos cuando José Fulano publica su propio volumen académico a través de la editorial Publica-o-Desaparece —un libro que seguramente solo será leído por su madre y su editor, y hojeado por sus amigos y colegas para poder decirle que lo vieron—? ¿Se te ocurre que habrá colas de gente esperando encontrarse con el autor en las librerías? ¿Piensas que Oprah le devolverá las llamadas?

Ellos quieren ser famosos. Quieren grandes cifras de dinero. Quieren pegarse al éxito automático.

Por eso cuando los relacionistas públicos, creadores de la Biblia, estuvieron buscando posibles autores —aquellos que impresionarían al público, aquellos que pondrían las creencias cristianas sobre la mesa y forzarían al mundo a prestar atención—, ¿quiénes quisieran ellos que fueran los escritores de estos libros?

Alguien como… ¿Marcos?

Si la iglesia temprana buscaba un golpe instantáneo de atención y credibilidad al atribuir los Evangelios a autores renombrados, ¿por qué escogerían a un tipo como él —alguien que ni siquiera pudo soportar el estrés y la tensión del camino con Pablo en su primer viaje misionero; alguien que se fue chillando donde mami y cuyo deseo por una segunda oportunidad en un segundo viaje provocó tal ruptura entre Pablo y Bernabé, que terminaron yendo por caminos separados (Hech. 13:2-5,13; 15:36-39)—?

Hola, Marcos, ¿te gustaría escribir un libro para nuestra nueva Biblia?

Eso nunca podría pasar.

Es muy sabido hoy, y también lo fue entonces, en una tradición que va hasta muy temprano en el siglo II, que mucho de lo que Marcos registró en su Evangelio vino de la predicación y el testimonio ocular de Pedro. Su primer capítulo cuenta cómo Jesús llamó a Pedro de su negocio pesquero para seguirle (Mar. 1:16-18). El último capítulo registra a un ángel diciéndole a las mujeres que han descubierto la tumba vacía: «Pero id, decid a sus discípulos *y a Pedro*» que vengan a encontrarse con el Cristo resucitado (Mar. 16:7).

Cuán fácil habría resultado, si el objetivo hubiera sido encontrar nombres famosos y si la falsificación hubiera sido el plan, el sacar a Marcos de la ecuación, dejándole como un escritor anónimo y poniendo el nombre de Pedro en letras doradas y mayúsculas. Él era la elección natural. Él era muy conocido y estimado. Un vendedor instantáneo. ¿Por qué, entonces, la tradición seleccionó a… Marcos?

Porque la tradición debía reconocer simplemente que Marcos fue el que escribió el Evangelio. Como Mateo escribió el suyo y Lucas el suyo también. Juan se destaca como el único escritor de un Evangelio que formó parte del más alto nivel apostólico en el cuarteto.

Por eso te aseguramos que, si la intención de la iglesia temprana fue solamente asignar nombres a los documentos evangélicos con la esperanza de investirlos de gran autoridad, entonces esos personajes bastante oscuros de la multitud original *no* habrían sido puestos en esa lista.

No te apartes de la historia

Ok, si ellos no pueden enganchar sus dudas a ese caballo, ¿qué tal este otro? Digamos que los Evangelios fueron literatura popular transmitida por gente que no tenía un mayor interés en la historia, ningún vínculo con los testigos presenciales y no tenía reparos en cambiar las enseñanzas tradicionales de Jesús con el fin de encajarlas con sus propósitos particulares.

Esta teoría surgió a partir del desarrollo relativamente reciente en el estudio académico (a principios del siglo XX) de la llamada *Crítica de las Formas*. Estos críticos se han basado en la naturaleza oral mediante la cual la información fue retransmitida entre personas, grupos y familias durante los primeros siglos, cuestionando cuán confiables pueden ser los escritos que sobreviven a ese proceso.

Las numerosas observaciones en *Jesus and the Eyewitnesses* [Jesús y los testigos oculares] por el erudito británico Richard Bauckman han arrojado luz sobre este tema controversial.[12] Bauckman argumenta, por ejemplo, que muchos de los testigos oculares de la vida, muerte y resurrección de Jesús estaban todavía vivos durante esos años y eran capaces de servir como fuentes confiables y guardianes autorizados de la tradición —una práctica común y reverenciada en las sociedades orales—. A pesar de que con el paso del tiempo ellos dejaban la comunidad de los vivos, hay un largo período en que la iglesia temprana tuvo una combinación de: (a) personas que habían visto a Cristo; (b) ancianos que se sentaron personalmente a Sus pies; (c) discípulos de aquellos que oyeron los hechos de Jesús de una fuente original. Este último grupo se extiende hasta bien entrado el siglo II.[13]

Además, el celo de este movimiento eclesiástico vibrante, unido y revolucionario por sí mismo, los habría motivado a mantenerse aferrados como pegamento a lo que dijeron los testigos presenciales. Es como cuando tratamos de mantener intactos los más mínimos recuerdos que nos unen a un ser querido que ha partido o a la familia en casa. Aquella gente tenía un genuino interés en mantener esas tradiciones puras y sin tacha. De ninguna manera hubieran sido motivados a cambiarlas o permitir que se disolvieran por indiferencia. Sí, ellos podían contar las historias con algunas diferencias tal como lo muestran los Evangelios, pero la esencia de las historias se mantuvo constante.

Uno de nosotros (Darrell), en un debate público con el académico liberal John Dominic Crossan, lo escuchó citar una famosa encuesta de los estudiantes de la Universidad Emory que intenta demostrar la inestabilidad de los recuerdos de los testigos presenciales del desastre del transbordador espacial *Challenger*. Yo contraataqué preguntando si los resultados podrían haber sido diferentes si hubieran hecho la encuesta con astronautas activos, en vez de estudiantes distantes y menos interesados. Mi punto era que es muy probable que la gente que en realidad se sentó en una nave espacial, que invirtió en el programa, hubiera salido de esta impresionante experiencia con recuerdos más claros y menos difusos de lo que ocurrió y no sería tan susceptible a la persuasión exterior que podría causar dudas o recuerdos distorsionados de lo que vio.

La iglesia tiene un enorme interés en mantener la integridad exacta de lo que Jesús realmente dijo e hizo. La vivacidad, el detalle, el punto de vista y la perspectiva de los Evangelios —tal como los leemos hoy—, aun la inclusión de mucha gente por nombre, incluyendo un desfile de personajes menores, constituyen prueba de que este testimonio era verdadero y exacto. Al final, el parecido extremo entre estos escritos que contienen el informe de los testigos oculares de la vida y el ministerio de Jesús, significa que la carga de la prueba está en el *crítico*, no en el cristiano que cree en la Biblia. Este crítico deberá demostrar con evidencia razonable que los hechos y descripciones registrados allí *no* son históricamente posibles. De otra manera, los Evangelios apuntan a su propia confiabilidad.

¿Un rústico campesino analfabeto?

Hasta ahora hemos visto: (1) la honestidad literaria implícita en la elección de escritores poco conocidos para los Evangelios. También hemos visto, (2) la tenacidad de perro cazador de los testigos oculares que habrían hecho todo lo posible con el fin de asegurarse de que los hechos y los incidentes, descritos en las Escrituras, fueran narrados con precisión y de la forma en que sucedieron.

Ahora tocaremos otra queja escéptica: *La inteligencia y las capacidades cuestionables de los discípulos de Jesús*. Escuchamos algo como esto: ¿Cómo podrían un par de simples plebeyos, como Pedro y Juan, ser sacados de la calle y de la orilla del mar para convertirse en los seguidores más cercanos de Jesús y escribir el tipo de literatura que todavía se produce por millones cada mes?

¿No crees que este es un comentario bastante arrogante? Pero escucha cómo Ehrman llama al apóstol Pedro: «un rústico campesino analfabeto».[14] (Ay, ¡eso duele!). Él usa a este único apóstol como la prueba para poner en entredicho a todos los demás, agrupándolos como gente que no podía escribir ni siquiera una línea de prosa memorable, mucho menos una sola palabra que se anuncie como Sagrada Escritura.

Si alguna vez has oído susurrar una acusación como esta, mantén la siguiente información en mente:

En primer lugar, *la alfabetización y la educación eran una prioridad para los judíos del primer siglo*. Cuando llegaban a los seis o siete años de edad, se esperaba que los niños estuvieran participando en actividades educativas.[15] Los sociólogos nos dicen que la identidad étnica entre minorías —aún hoy— los lleva a inculcar con fuerza sus tradiciones en los niños y sus familias, con el fin de estar seguros de que su herencia se preservará como un estilo de vida. Los judíos de la Palestina romana seguramente no fueron muy diferentes. Y esto no es porque tratemos de proyectar nuestra mentalidad moderna a una cultura antigua. La evidencia arqueológica encontrada en el pueblo de Pedro, en la región de Galilea, respalda esta idea. Esto configura un panorama claro de las prácticas judías, así como de una conciencia legal en la comunidad en donde la educación de sus jóvenes era una preocupación primordial.

En segundo lugar, *las ocupaciones de los discípulos requerían alfabetización y conocimiento*. Las actividades cotidianas de un comerciante lo obligaban a tener un cierto nivel de fluidez lingüística y cultural. El profesor y pastor Ben Witherington le añade aun más detalle:

> Primero que todo, los pescadores no eran campe-
> sinos. Ellos a menudo sacaban buenas ganancias

del Mar de Galilea, tal como puede ser visto en la gran y famosa casa de pescador excavada en Betsaida. En segundo lugar, los pescadores eran hombres de negocios y ellos tenían que tener un escriba o ser capaces de leer y escribir un poco para hacerles frente a los recaudadores de impuestos, los recaudadores de peajes y otros negociantes. Tercero, si Jesús tenía un Mateo/Leví y a otros que eran recaudadores de impuestos como discípulos, ellos, sin lugar a dudas, sabían leer y escribir…. En otras palabras, es caricaturizar el sugerir que todos los discípulos de Jesús eran campesinos analfabetos.[16]

En tercer lugar, *el movimiento de la iglesia temprana fue transcultural*. Pedro fue un líder establecido en esa empresa. Esto significa que fue capaz de navegar los ambientes grecorromanos en donde el griego era el lenguaje principal, tanto verbal como escrito. Cuando observamos las imágenes de Pedro que se ven en la Biblia, no hay duda de que se convirtió en un sólido comunicador oral. Y no hay ninguna razón real, más allá de una ciega especulación, para decir que él no fue también capaz de expresarse en cartas, especialmente al final de su vida cuando ya había ministrado en esos contextos durante décadas.

Además, aun si este fuera un problema, la práctica de emplear secretarios para el dictado de cartas e ideas era lo más común en la sociedad del primer siglo. Nada le hubiera impedido poner sus palabras en papel, incluso bajo la remota posibilidad de que la escritura no hubiera sido su fuerte.

Es cierto que la mayoría de la población era analfabeta (alrededor del 90 al 95 por ciento). Pero Pedro, un comerciante y un viajero internacional, con toda probabilidad no estaba entre la mayoría. Pedro pudo no ser un intelectual de la talla de Bart Ehrman o de tu profesor, pero esto no lo descalifica de hacer lo que hizo y escribir lo que escribió.

Canallas mentirosos y tramposos

Falsificación.

En definitiva, eso es lo que Bart Ehrman dice que estaba ocurriendo cuando se preparaban los libros del Nuevo Testamento para su amplia circulación. Al mirar la evidencia, él no ve ninguna otra conclusión plausible.

Esto es lo que le concederemos: Ehrman está en lo correcto cuando afirma que la falsificación era un tema predominante durante los primeros siglos de nuestra era —mucho más común que hoy en día, cuando contamos con maneras sofisticadas de encontrar las diferencias—. Pero solo porque esto es verdad no significa que debamos descartar todas las otras posibilidades y partir de un supuesto de falsificación desenfrenado. Es como decir que cada pareja casada, que vive en una cultura de divorcio, seguramente terminará divorciándose. O que cualquier estudiante, que está tratando de pasar su materia en una cultura donde la trampa es una práctica extendida, es incapaz de depender de su propio trabajo; ya que siempre están circulando copias de exámenes por los pasillos de la universidad.

(¿Tú no lo harías, o sí?).

Cuando lo que estás buscando es falsificación, puedes levantar sospechas dondequiera que mires.

Sin embargo, esto es lo que la evidencia nos demuestra. La iglesia temprana fue agresiva hasta el punto de la paranoia para asegurarse de que nada truculento estuviera pasando con sus textos sagrados. La tendencia general fue *rechazar*, en vez de *aceptar* cualquier libro cuya autoría se pudiera cuestionar. El libro de Hebreos es, por cierto, la excepción que prueba la regla. Los interrogantes giraban entonces (como lo hacen todavía hoy) alrededor de si Pablo era el autor de Hebreos. Por esa razón este libro fue una de las últimas inclusiones en el canon bíblico. Al final, la iglesia decidió que el libro hablaba con la consistencia y autoridad poco común que caracterizan a un trabajo de la Escritura, a pesar de las cuestionables conclusiones que permanecieron acerca de su autor.

Y si Hebreos casi no logra entrar, entonces ningún Evangelio de Tomás, Felipe o María entrarían. Puedes estar seguro de eso.

Pero quienes dudan todavía entretienen y apoyan la idea de que se puso en marcha un juego sucio. Entre los libros que ellos mantienen bajo sospecha están estos. Vamos a marcarlos como casos de prueba:

Caso de prueba 1: 1 Pedro

La Primera Carta de Pedro muestra evidencia de haber sido falsificada (muchos declaran) porque el autor afirma que Pedro fue testigo del sufrimiento de Jesús (5:1) y porque usó el término Babilonia como un código para Roma (5:13), lo cual refleja un uso que es posterior al 70 d.C. (La fecha tradicionalmente atribuida a 1 Pedro es alrededor del 60 d.C.).

Todos sabemos, por supuesto, cómo de manera pública Pedro negó al Señor tres veces y huyó en la oscuridad de la noche, sollozando amargamente por su vergüenza y desesperación. Pero al menos digamos esto: él no huyó al momento del arresto de Jesús, sino que es evidente que permaneció en el área donde se estaba desarrollando el juicio; aunque a una cómoda distancia y sin tener el coraje de admitir su conexión personal como seguidor de Cristo. Para refutar la frase de 1 Pedro 5:1, sin embargo, un escéptico necesitaría definir que los «padecimientos de Cristo», de los que Pedro afirma haber sido testigo, no son otros que el evento mismo de la crucifixión. Le concederemos por el bien del argumento que él podría habérselo perdido, pero vio con sus propios ojos lo suficiente como para conocer que Su Señor estaba en grave peligro. Pedro conoció los sufrimientos de Jesús de primera mano.

Y en lo que se refiere a Babilonia, no era poco común en la literatura antigua (no solo en el Nuevo Testamento) usar un lenguaje codificado para hacer alusión a los poderes del mundo. Puedes verlo en el libro de Daniel, por ejemplo, cuando él imagina los reinos del mundo como parte de su visión del fin de los tiempos. Babilonia era parte de una cadena de naciones malvadas (incluyendo a Egipto y Asiria) que, como Roma, han maltratado con crueldad al pueblo de Dios a lo largo de su historia. Esta metáfora comunicaría su significado de manera instantánea a los lectores de Pedro, mientras que se oculta de manera sutil la identidad de Roma como el lugar del que se está hablando. No había necesidad de invitar a la persecución llamándola por su nombre y apellido.

Caso de prueba 2: 2 Pedro

La Segunda Carta de Pedro muestra evidencia de haber sido falsificada (según dicen algunos) por la noción de retraso en el retorno de Jesús (3:8-9), por el uso de lenguaje del libro de Judas (3:3-4) y la declaración de que las cartas de Pablo eran equivalentes a la Escritura (3:15-16). Cada caso es una indicación de un período de escritura tardío.

Tomemos uno a la vez: (1) La iglesia ya estaba lidiando con el aparente retraso en el retorno de Cristo, aun antes del 70 d.C. cuando el templo judío fue destruido. (2) En cuanto a la información compartida con Judas con respecto a los «burladores» de sus días, esto no estaría fuera de la forma con la que Pedro asociaba su ministerio con otros —como con Marcos, por ejemplo, como lo hemos visto—. (3) Mientras que Pablo nunca afirmó directamente que lo que escribía era Escritura, sí dijo que era *anatema* (una fuerte represión) ir por allí proclamando un evangelio diferente del que él había recibido de Dios (Gál. 1:6-9).

Además, otras falsificaciones (incluyendo el Evangelio de Pedro) fueron escritas para promover puntos de vista que se desviaban de las creencias cristianas ortodoxas. ¿Por qué la iglesia necesitaría *falsificar* un documento como 2 Pedro si sus enseñanzas eran «ya consistentes con la iglesia y, por lo tanto, no tendrían motivo para promoverlos falsamente bajo el nombre de un apóstol?».[17] La Segunda Carta de Pedro no tiene una agenda discrepante. No se refiere a las controversias doctrinales del segundo siglo. La carta lleva todas las marcas clásicas como para ser incluida en el canon por una razón simple y poco escandalosa: *Pedro sí la escribió.*

Caso de prueba 3: Efesios

La Carta a los Efesios muestra evidencia de haber sido falsificada (argumentan los detractores) porque el estilo, el largo de las oraciones, el vocabulario y la teología son distintas de las otras cartas de Pablo.

Podríamos seguir, pero esta es la línea fina que marca la división, si es que alguna vez hubo una. Ehrman argumenta que Efesios contiene 116 palabras que Pablo no usa en ninguna de sus otras cartas. Sin embargo, casos similares existen en cartas como Gálatas, cuya autoría paulina nadie niega. Además, el tema teológico que Pablo trata, a diferencia de los que discute en sus otros escritos, no fue ocasionado por un problema específico en la iglesia de Éfeso, sino con la intención de que circulara en la región como una presentación de doctrina general.

¿Qué esperaban ellos que hicieran las cartas de Pablo? ¿Que todas digan las mismas cosas? ¿Que todas usen las mismas palabras? Entre nosotros tres, hemos escrito una docena de libros —de diferente tamaño, con diferentes temas, para diferentes audiencias—. Es verdad, tú puedes encontrar ciertas tendencias en el estilo de escritura de una persona. Pero si realizas el mismo análisis comparativo matemático sobre los diversos libros de un autor moderno, es muy probable que te encuentres con la misma o quizás mayor variedad en su lenguaje que en Efesios, especialmente si el autor ha trabajado con diferentes editores en sus escritos.

Nos gusta cómo el académico del Nuevo Testamento, Mike Licona, resume esta situación: «Antes de echar por la borda la creencia en la autoría tradicional en cualquiera de los 27, los argumentos en contra deben ser razonablemente más fuertes que los argumentos a favor y deben ser capaces de soportar los contraargumentos. Algunos, como Ehrman, parecieran que toman un enfoque diferente, asumiendo que los 27 libros son culpables de una falsa atribución hasta que la evidencia, casi intachable, en contrario se pueda presentar».[18]

La B-I-B-L-I-A

No es tan complicado como los profesores y académicos escépticos te lo quieren hacer creer. Muchos, si no todos, de los documentos del Nuevo Testamento fueron completados para el final del primer siglo. Aunque el proceso que dio por resultado los 27 libros de nuestro canon no fue iniciado por un comité de expertos ni fue probado en un laboratorio científico, las reglas de base fundamentales para la aceptación de libros y cartas como autorizados eran que: (a) hayan sido escritos por un apóstol; (b) por alguien relacionado con un apóstol; (c) estén basados en un testimonio presencial, un testimonio verificable. Y cuando ese período de tiempo se cerró, alrededor del 100 d.C., el libro estaba cerrado para todos los propósitos prácticos.

Por otro lado, aquellas cartas apócrifas como la Carta a Tolomeo y los otros documentos de ese tipo, todos fueron escritos en el segundo y tercer siglo o más tarde. Y aun si por arte de magia fueron transportados a los años de dos dígitos del primer milenio, aun así no poseen el peso para mantenerse en la misma plataforma que los libros establecidos en el Nuevo Testamento.

Y nunca lo poseyeron.

No se necesita un concilio de la iglesia para darse cuenta de esto. No fue necesaria una intimidación armada para echarlos del canon.

Los libros del canon bíblico demostraron ser especiales y fueron leídos y circularon con amplitud por una vasta región de la iglesia temprana. Este es un nivel de circulación que los otros evangelios nunca lograron.

Preguntas de discusión

1. ¿Cómo y cuándo fueron identificados como Escritura los libros del Nuevo Testamento?
2. ¿Cuáles son algunas de las diferencias entre los libros del Nuevo Testamento y los libros que fueron excluidos del canon?
3. Menciona alguna de las evidencias usadas por los críticos para argumentar que ciertas partes del Nuevo Testamento fueron falsificadas. ¿Cómo podemos responder a esos argumentos?

Contradicciones, contradicciones

¿Por qué mi Biblia tiene tantos errores?

Casi al mismo tiempo en que empecé a dudar que Dios había inspirado las palabras de la Biblia, comencé a ser influenciado por los cursos de la Biblia que eran enseñados desde una perspectiva histórica-crítica. Empecé a ver discrepancias en el texto. Vi que algunos de los libros de la Biblia estaban en desacuerdo unos con otros. Me convencí por los argumentos que algunos de los libros no fueron escritos por los autores con los que eran nombrados. Y empecé a ver que muchas de las doctrinas cristianas tradicionales que por mucho tiempo creí sin lugar a dudas… se han movido de las enseñanzas originales de Jesús y sus apóstoles.

- Bart Ehrman[1]

Mientras más estudio la Biblia, menos propenso estoy a acusar a la Biblia de evidentes errores históricos y equivocaciones estúpidas, incluyendo errores doctrinales en temas tan profundos como el sufrimiento y la maldad. Por el contrario, encuentro la Biblia rica, compleja, variada, útil y confiable al tratar con temas de vida y muerte… En

mi caso, mi fe en la Biblia fue fortalecida, pero lo opuesto
parece haber sido el caso de Bart.
– BEN WITHERINGTON III[2]

Quizás cuando eras niño jugaste con alguien que constantemente cambiaba las reglas mientras jugaban, especialmente cuando estaba perdiendo o se iba enojando al no poder controlarte. Muy pronto, los fouls y los penales se repiten continuamente, la meta de la carrera siempre se pone más lejos o a las muñecas ya no se les permite ser lo que tú pretendías que fueran unos minutos antes. Las reglas terminan siendo tan restrictivas que el juego ya deja de ser divertido. Al final, todos se enojan y amenazan con irse.

Toma la pelota. Vete a tu casa.

Es probable que sea difícil de entender, pero esto mismo (por supuesto de una forma más civilizada y adulta) también puede ocurrir en diversas oportunidades del debate académico, en donde una parte insiste que ciertas reglas arbitrarias *deben* aplicarse a tus argumentos antes de que siquiera se puedan considerar creíbles. Así la Biblia no puede ser confiable. Y cualquiera que esté en desacuerdo es descalificado como un inexperto.

Seamos claros: No hay nada de malo con llegar a establecer normas que regulen cómo juzgar y evaluar opiniones diferentes. Tampoco lo es el que lleguemos a un debate con nuestros propios supuestos y presuposiciones. Cada uno de nosotros los tiene. Pero cuando el resultado de esos «supuestos» es más que nada acallar los otros puntos de vista, reduciendo el campo de juego hasta el punto que solo uno de los equipos está autorizado a participar, *entonces* tenemos un problema porque las reglas del oponente afirman que nadie más tiene algo valioso que decir.

El juego terminó antes de empezar.

Y por eso —como un avance a este capítulo de las supuestas contradicciones de la Biblia— necesitaremos mostrar cómo los críticos intentarán inclinar la balanza en tu contra, creando un ambiente cerrado y controlado en el cual solo ellos pueden ganar.

Esto viene con la distinción entre *diversidad y desacuerdo*.

Conserva estas palabras en tu mente. Pronto aparecerán de nuevo.

La Biblia, recordemos, es en realidad una biblioteca —una colección de 66 libros, escritos a lo largo de varios milenios por una diversidad grande de autores con diferentes trasfondos, niveles educativos, ocupaciones y un sinfín de otras características—. Ningún otro libro o antología conocida se acerca —ni siquiera a estar «dentro de la misma galaxia»— a representar el sorprendente alcance de la historia bíblica o la consistencia del mensaje bíblico de principio a fin. Sin importar cuán familiarizado estés con la Biblia, nunca olvides cuán vasta es, tanto en la duración de tiempo que cubre como en la profundidad del mensaje que comunica.

Sin embargo, cuando alguien detecta una pizca de diversidad en el amplio margen de los libros de la Biblia, inmediatamente la declaran como una absoluta *contradicción*. Un instantáneo ¡bum!

En cualquier lugar la Biblia demuestra un *desarrollo legítimo* de pensamiento a lo largo del tiempo: una explicación e interpretación en las Escrituras posteriores que nunca podrían haberse contemplado antes de que ciertos eventos sucedieran. Ellos las consideran como *diferencias irreconciliables* con lo que se dijo antes.

En cualquier lugar donde un libro particular complementa o construye sobre otro, en vez de solamente repetir las mismas cosas que otro ya ha dicho, a esto ellos lo llaman un ejemplo de *desacuerdo* entre los dos. Según sus reglas eso es lo que es. Caso cerrado. ¿Pero realmente lo es?

Solo lo será si tuerces el significado de *diversidad* literaria y *desarrollo* histórico hasta el punto en que se convierten en la definición innegable de *desacuerdo* y *contradicción*.

Evidencia contradictoria

Pregúntale a la gente por qué no cree en la Biblia y muchos te dirán una sola cosa, «porque está llena de contradicciones». Ok, eso es lo que les han hecho creer; así que vamos a verlo de otro modo.

¿Qué pasaría si les entregamos un montón de contradicciones propuestas para que ellos elijan de allí? Entonces tendríamos la oportunidad de ver si esas declaraciones se sostienen ante el sentido común y un cuidadoso escrutinio. Seguramente no les importaría que hagamos algunas preguntas honestas, ¿no crees?

Empezaremos con preguntas básicas: *¿Son todas las contradicciones encontradas, contradicciones reales? ¿En realidad, una diferencia es igual a una contradicción, como algunos afirman?*

Imagina que estás sentado con un grupo de amigos, quizás en un restaurante o en cualquier otro lugar; y mientras están conversando, tú cuentas algo que hiciste o viste de la forma en que lo recuerdas. A la mitad de tu relato, uno de tus amigos —que también estuvo allí y vio las mismas cosas— entra en la conversación y añade uno o dos detalles extra que tú olvidaste o simplemente ignoraste. Así sigue la conversación, de aquí para allá, con las interrupciones de algunos otros amigos, que presentan una tercera o cuarta perspectiva a la experiencia compartida.

¿Qué está pasando aquí?

Puesto que no todos están diciendo las mismas palabras o describiendo los eventos exactamente de la misma manera, ¿significa que todos menos uno están mintiendo? ¿O están confundidos? ¿O están tratando de engañar de manera intencional? Basados en esas diferencias de lo que tú estás diciendo, ¿estás tú contradiciéndote con los demás?

¿O sería más justo reconocer, por contraste, que la persona sentada allí, escuchando a cada uno, podría obtener una imagen más completa, interesante y redondeada del recuerdo que todos están describiendo?

¿Te das cuenta de por qué *diversidad* no necesariamente significa *desacuerdo*?

Con la Biblia pasa algo parecido. En lugar de varios relatos de la Escritura que revelan una falta de unidad en el mensaje general, sus obras individuales tejen un tapiz que es mucho más convincente y menos monocromático que un impreso o comunicado de prensa monótono y de impresión mecánica. La Biblia no es como un documento gubernamental, procesado en triplicado —la copia rosada, la azul y la blanca—, cada copia con la misma e idéntica información. No, la Biblia vive y respira, tiene capas y texturas. Es el trabajo de Dios en la vida real, en el mundo real, con gente real, que vive en tiempo real. No es un hoja cuidadosamente trabajada con temas de conversación diseñados para mantener alineados, en el mismo mensaje, a cualesquiera de sus escritores.

Por el contrario, la variedad de perspectivas encontrada en la Biblia —lejos de ser una *amenaza* a la inspiración divina de las Escrituras— es parte de lo que prueba su validez. Si algunos críticos no se estuvieran esforzando por imponer una estructura rígida, artificial y obsesivo-compulsiva a la manera en que Dios *debió* haber escrito Su libro (si ellos hubieran estado a cargo), podrían haber encontrado algunas razones muy válidas por las cuales algunas de esas llamadas inconsistencias están realmente entre sus grandes activos.

Para comenzar hemos sacado cuatro casos de prueba del archivador de contradicciones del escéptico, lugares en donde ellos podrían afirmar que ven desacuerdos en la presentación de la Biblia en un número de detalles y doctrinas clave: la crucifixión, el nacimiento virginal, los milagros de Jesús y la relación de la salvación con la ley del Antiguo Testamento.

Lo que verás, creemos, es que las afirmaciones de esos diferentes escritores bíblicos son, de verdad, *diversas* en el tiempo y en sus personalidades, pero nunca en *desacuerdo* en todos los ámbitos.

Y esto significa que no son contradicciones.

Caso de prueba 1: Diferentes narraciones de la crucifixión

Los Evangelios de Marcos y Lucas (objeta gente como nuestro amigo Bart Ehrman) contienen diferentes representaciones de la crucifixión. En Marcos, Jesús muere en desesperación, inseguro de lo que le está pasando; en Lucas, Jesús parece estar en completo control de la situación.

Si te pidieran dar una representación exacta y exhaustiva de cualquier evento del que hayas sido testigo y haya durado, digamos, tres horas o más, ¿incluirías hasta los detalles mínimos? ¿Dejarías algo afuera? ¿Nada en lo absoluto? Si fuera un juego de fútbol, por ejemplo, ¿informarías cada salida de la pelota fuera del campo, el desempeño de cada jugador, cada producto publicitado durante el receso? Si fuera una película o una obra de teatro, ¿repetirías cada diálogo, describirías las escenografías de cada escena, catalogarías cada persona aparecida por escena?

No. Aun queriendo ser exhaustivo y completo, tú estarías decidiendo qué incluirás en tu recuento de la acción.

De la misma manera, los escritores de los Evangelios tuvieron razones justificadas por las que mencionaron los diferentes detalles que decidieron incluir y también para dejar de lado aquellos que decidieron omitir —en parte por diseño, en parte por necesidad—. Porque todos sabemos que *toda narración histórica es, por naturaleza, selectiva*. Como lo dijo el apóstol Juan, Jesús hizo muchas cosas durante Su vida terrenal, «que si se escribieran en detalle, pienso que ni aun el mundo mismo podría contener los libros que se escribirían» (Juan 21:25).

Por eso, mientras observamos el primer caso, parece que deberíamos ponernos de acuerdo en que dos autores podrían decidir realzar aspectos *diferentes* de cualquier evento. ¿Correcto? La pregunta más amplia sería: ¿Son incompatibles los diferentes aspectos retratados?

Marcos, por su parte, registró una sola cosa específica de lo que Jesús habló en la cruz —«Dios mío, Dios mío ¿por qué me has abandonado?» (Mar. 15:34)— y también comentó que Jesús después dio «un fuerte grito», justo antes de que «expiró» (v. 37).

Compare lo anterior con Lucas. Mientras que él no mencionó una frase que Marcos registró, Lucas sí conservó otras tres expresiones de Jesús, incluyendo las que parecen ser las palabras efectivas del «fuerte grito» que Marcos describió al momento de la muerte de Jesús: «Padre, en tus manos encomiendo mi espíritu» (Luc. 23:46). Esto es evidente cuando tú lees las dos narraciones lado a lado. Verás que el versículo citado aparece en el mismo momento que el fuerte grito de Marcos. Lucas es como nuestro amigo en la mesa que añade algo que conocía del evento.

Entonces es verdad que si miramos esos instantes de manera particular, Lucas parece enfatizar la claridad decisiva de Jesús al enfrentar la muerte —«Padre, EN TUS MANOS ENCOMIENDO MI ESPÍRITU»— al compararlo con el sentimiento que produce lo que Marcos describe: «Dios mío, Dios mío ¿por qué me has abandonado?».

Los incrédulos lo llamarían una *contradicción*. Una *incompatibilidad*.

Pero esperen un minuto. No minimicemos el tamaño de la muestra a una porción tan pequeña. Vamos de vuelta a todo el Evangelio de Marcos y veamos si esta afirmación de incompatibilidad se sostiene. Veamos si era su intención describir a Jesús estando en penumbras con respecto a la certeza, el significado y el resultado de Su muerte.

Tres veces en Marcos —capítulo 8 (vv. 31-38), capítulo 9 (vv. 30-35) y capítulo 10 (vv. 32-45)— Jesús hizo predicciones sobre Su muerte cercana. En una de esas ocasiones, les explicó a Sus discípulos por qué Su muerte era necesaria: «Porque ni aun el Hijo del Hombre vino para ser servido, sino para servir y para dar su vida en rescate por muchos» (10:45). Después, en el Getsemaní, mostró absoluta claridad al decir que Judas, quien estaba guiando a los líderes religiosos a encontrarlo, era «el que me entrega» (14:42). Y cuando Jesús compareció ante el Sumo Sacerdote, él mismo dio el testimonio que lo llevó directamente a Su sentencia de muerte al declarar Su propia divinidad, afirmando que algún día ellos verían al «Hijo del Hombre sentado a la diestra del Poder y viniendo con las nubes del cielo» (14:62).

¡No suena como alguien que fue tomado por sorpresa por esos terribles eventos!

¿Qué pasa con Lucas? ¿Solo presenta a Jesús como estoico y determinado en Su sufrimiento? ¿No lo describe también suplicando, implorando en oración, apenas unas horas antes de que comenzara Su verdadera tortura? Lucas afirma que Jesús dijo: «Padre, si es tu voluntad, aparta de mí esta copa [...]», mientras «su sudor se volvió como gruesas gotas de sangre, que caían sobre la tierra» (Luc. 22:42,44).

Por eso cuando observamos las narraciones por completo, las supuestas diferencias evidentes en la forma en que Marcos y Lucas representan el sufrimiento de Jesús se difuminan y desaparecen. Claro, es evidente que hay algo de *diversidad* en lo que dijeron. Como hemos visto, siempre habrá diversidad cuando diferentes personas cuentan una misma historia. Pero no siempre hay *desacuerdo* —especialmente si esos escritores fueron inspirados por Dios, como afirma la Escritura—.

Caso de prueba 2: El nacimiento virginal —ahora lo ves, ahora no lo ves—

Los Evangelios de Mateo y Lucas mencionan el nacimiento virginal de Jesús, mientras que Marcos y Juan parece que no estuvieron al tanto de esto —o al menos no lo mencionan—.

Sí, justo al principio de Mateo y Lucas —el primer capítulo de ambos libros— leemos el impresionante anuncio angelical del milagroso nacimiento de Jesús. José se entera de esto por un sueño (Mat. 1:18-25) y María se entera por un ángel (Luc. 1:26-38).

¿Esto significa que Marcos y Juan —por no haber incluido esto en sus Evangelios y escoger otras formas de describir la extraordinaria vida de Jesús— ni siquiera *estuvieron al tanto* de Su nacimiento virginal?

Veamos a Marcos primero. Su Evangelio se distingue de los otros tres por ser particularmente conciso. De allí que no nos sorprenda que, en su premura por empezar a hablar del ministerio de Jesús, Marcos se salte por completo los primeros 30 años de la vida de

Jesús. Para el versículo 9 del primer capítulo, Jesús ya está en marcha como todo un adulto.

¿Podríamos concluir, entonces, que Marcos no solo no tuvo conocimiento del nacimiento inusual de Jesús, sino que tampoco tuvo el menor conocimiento de lo que le pasó a Jesús antes de los 30 años de edad? Después de todo, él no lo *menciona* ni tampoco dice si lo sabía. Siendo un compañero cercano tanto de Pedro como de Pablo (Hech. 12:12,25) y sin mencionar el hecho de que era un miembro de la muy unida Iglesia Primitiva, ¿cuán probable habría sido que Marcos nunca jamás hubiera oído el recuento de un evento tan sobrenatural? ¿Lo que Marcos escribió de Jesús en su Evangelio es lo *único* que sabía de Él?

¡Por favor! Esto no es solo poco probable en la historia; también salta a la vista como ilógico. *No mencionar algo no lo convierte de inmediato en ignorancia.* Tampoco es una negación. Solo significa que se tomó la decisión de no mencionar algo. Al empezar Marcos donde lo hace, él nos dice que eligió no hablar de la infancia de Jesús, sin importar lo que sabía de ella. ¿Por qué? Quién sabe. Lo que uno no puede afirmar es que Marcos contradice a Mateo o a Lucas. El silencio no se convierte en contradicción.

¿Qué sucede entonces con el Evangelio de Juan? Como probablemente sepas, su Evangelio difiere de los otros tres y fue escrito mucho después. Juan tiende a enfocarse más en brindarnos un significado teológico más profundo, antes que en brindarnos un simple registro de lo que pasó (aunque, por supuesto, *todos* los Evangelios son historia interpretada, presentando los eventos desde la perspectiva de la fe). Juan no empieza su Evangelio con el estilo de informe tradicional, sino declarando que Jesús existió aun antes de la creación del universo. Antes de la existencia del tiempo. Antes de todo. Si piensas que el nacimiento virginal es grande, échale un vistazo a esto —¡es aun más grande!—.

Ya que Juan toma esta visión infinitamente más amplia de la entrada de Jesús en el mundo, quizás podríamos perdonarle el no haber sido tan estricto y específico al no mencionar la manera en que la madre de Jesús se embarazó. Es interesante que su elección es opuesta a la de Marcos. Donde Marcos escoge saltar la infancia de Jesús, Juan decide empezar antes del nacimiento. Diferentes personas, diferentes pinceladas, pero sin ninguna contradicción.

Además, Juan hace al menos un par de referencias indirectas al nacimiento virginal mientras avanza en su narración. Él habla de los creyentes como personas «que no nacieron de sangre, ni de la voluntad de la carne, ni de la voluntad del hombre, sino de Dios». Y esto no es muy diferente de la manera en que «el Verbo se hizo carne, y habitó entre nosotros» (Juan 1:13-14). ¿Ves allí alguna alusión indirecta al nacimiento virginal?

Demos un salto a Juan 8 —a la larga conversación entre Jesús y los grandes y poderosos fariseos, quienes lo bombardearon con preguntas acrobáticas diseñadas para hacerlo tropezar—. Una de sus maquinaciones más astutas está en el versículo 41, donde con arrogancia trataron de elevarse por encima de los ancestros de Jesús: «Nosotros no nacimos de fornicación; tenemos un Padre, *es decir*, Dios». La continuación implícita más probable de la frase sería: «Pero no estamos seguros acerca de *ti*».

Ajá, oigan la burla: cuestionando a Sus antepasados. Al parecer ellos estaban al tanto del jugoso chisme acerca del misterioso nacimiento de Jesús. Sin padre y con madre soltera. Escritos posteriores repitieron esta misma acusación, negando la paternidad de Dios el Padre en el nacimiento de Jesús.[3]

Entonces aquí está la pregunta, basados en la falta de especificidad en Marcos y Juan en referencia al nacimiento virginal: ¿Si Dios no vio necesario informar a la mitad de los futuros escritores de los Evangelios acerca de este suceso vital —que el Espíritu Santo pondría la vida del Hijo de Dios de manera milagrosa en el vientre de una muchacha de pueblo—, entonces cómo pueden sus escritos ser considerados inspirados?

Y aquí volvemos a nuestra pregunta inicial: ¿No es igual de probable (de hecho, *mucho más probable*) que todos eran conscientes de esa historia ampliamente conocida, pero que simplemente escogieron describir al Jesús incomparable de otras formas que eran también sorprendentes?

¿Dejar algo afuera para prestar atención a otro aspecto significa que estaban en completo desacuerdo sobre una pieza clave de la doctrina? ¿No es la diversidad el punto clave para tener cuatro Evangelios desde cuatro perspectivas diferentes?

Caso de prueba 3: ¿Son milagros o son señales?

En Mateo, vemos que Jesús se niega a realizar un milagro para probar Su divinidad. Pero en Juan, los hechos espectaculares de Jesús son *diseñados a propósito* para convencer a la gente de Su verdadera identidad. Por eso Juan los llama «señales», en oposición a meros «milagros».

Tratar de encasillar el testimonio de Juan en contra de los otros escritores de los Evangelios —como si su visión de los milagros estuviera en directa contradicción con la de ellos— es como ver todos los árboles pero no el bosque. Se ignora la razón detrás de los escritos de Juan.

Juan, como hemos dicho, escribió su Evangelio en una fecha posterior a la de los otros. Y por eso es muy probable que él se haya basado en la literatura (o, al menos, en la tradición) que ya existía con anterioridad. Uno de nosotros (Andreas) ha identificado al menos 20 de esos casos en los que Juan tomó de las ideas centrales encontradas en Mateo, Marcos y Lucas y las desarrolló teológicamente.[4]

El uso de la palabra «señal» por Juan es una de esas ocurrencias. Donde de manera regular los otros Evangelios refieren como «milagros» las sanidades, exorcismos y Su dominio sobre la naturaleza; Juan, al parecer, buscó enfatizar que el significado *teológico* era lo más significativo en esas súper poderosas manifestaciones. No se trataba del factor sorpresa, sino de la capacidad de conducir a la fe en Cristo. ¿Qué bien duradero producirían los milagros de Jesús si únicamente causaban estupor y no transformación?

Los milagros eran letreros que apuntaban a la gente hacia Dios.

Pero no es como si esta idea fuera extraña para los que escribieron los primeros Evangelios. Aun en Mateo, donde Jesús se rehusó dos veces a realizar milagros cuando se lo pidieron (12:38-39; 16:1-4), incluso allí Él puso en claro que el efecto previsto para Sus maravillas era producir un cambio de corazón, inspirar una verdadera creencia. Por eso, cuando Jesús dijo, por ejemplo: «Porque si los milagros que se hicieron entre vosotros se hubieran hecho en Tiro y en Sidón, hace tiempo que se hubieran arrepentido en cilicio y ceniza» (Mat. 11:21), estaba diciendo que llamar al arrepentimiento era exactamente lo que Sus milagros estaban destinados a lograr. También Lucas destacó la intención eterna detrás de los hechos sobrenaturales de Jesús cuando citó a Jesús diciendo: «Pero si yo en el nombre de Dios echo fuera los demonios, entonces el reino de Dios ha llegado a vosotros» (Luc. 11:20).

Así que esos *milagros* eran de hecho *señales* todo el tiempo — incluso en Mateo, Marcos y Lucas— por su naturaleza y no por su nombre.[5] Y aunque Sus milagros no eran tan mecánicos o unidimensionales, eso no impedía que Jesús no se diera cuenta de que algunas personas solo querían verlos como un espectáculo o un entretenimiento.

Por lo tanto, aun en Juan —donde algunas personas detectan una gran contradicción entre «señales» y «milagros»— Jesús tuvo cuidado al mostrar que, si bien cualquier tipo de creencia es mejor que la incredulidad, una fe que descansa principalmente en milagros siempre tiene algo de inferior. Su respuesta inicial a la súplica de un hombre, por ejemplo, fue reprenderlo y desafiarlo: «Si no veis señales y prodigios, no creeréis» (Juan 8:48). La más famosa de todas fue la respuesta a las palabras crédulas del «dudoso Tomás» a quien, después de haber visto al Cristo resucitado con sus propios ojos, Jesús le dijo: «¿Porque me has visto has creído? Dichosos los que no vieron, y *sin embargo* creyeron» (Juan 20:29).

Juan no estaba cambiándole el tenor a los milagros de Jesús, tal como son presentados en los otros Evangelios. Lo que hizo fue emplear un término más descriptivo —«señales»— para iluminar aun más las profundidades teológicas ya tratadas por los que habían llegado antes que él. Para ponerlo en términos musicales, Juan no estaba creando una melodía completamente nueva; él simplemente estaba cambiando un poco la melodía que ya había estado sonando en los otros Evangelios, estableciéndola en un tono un poco diferente.[6]

De nuevo, vemos *diversidad* pero no *contradicción*.

Caso de prueba 4: ¿Salvos por obras o salvos por gracia?

Mateo y Pablo (afirman algunos) se contradicen en el tema de la salvación y la ley.

OK, aquí va la última prueba que observaremos en esta sección. Y esta es un poco más difícil. Recibirás puntos de bonificación si resistes pasar por aquí. De otra manera, si ya has visto suficiente evidencia, solo salta a la próxima sección ("Reunir las piezas").

«No penséis que he venido para abolir la ley [...]», dijo Jesús cerca del inicio del Sermón del Monte (Mat. 5:17). «La Ley» representa al vasto océano compuesto por las Escrituras del Antiguo Testamento. A ellas se las conoce familiarmente como «La Ley y los Profetas» y era la única Escritura conocida por esa generación. Jesús declaró que ese antiguo testimonio, que ha guiado al pueblo de Dios a través de los muchos siglos de su existencia, no sería desestimado y desechado solo porque el Mesías prometido estaba ahora en escena (aunque esta fuera una ocasión trascendental).

Pero, ¿Mateo estaba tratando de hacerle decir a Jesús mucho más que eso? Cuando registró a Jesús diciendo: «Porque os digo que si vuestra justicia no supera la de los escribas y fariseos, no entraréis en el reino de los cielos» (Mat. 5:20), ¿estaba queriendo decir que la estricta observancia de la ley mosaica era en ese momento mucho más importante que nunca?

Bart Ehrman lo piensa así. Y él no pudo comprender cómo es que el Dios que supuestamente puso palabras como esas en la pluma de Mateo, es el mismo Dios que instruyó a Pablo a escribir palabras como estas: «Pero ahora, *aparte de la ley*, la justicia de Dios ha sido manifestada, [...]» (Rom. 3:21).

Ehrman dice: «Es evidente que si Mateo, quién escribió unos 25 o 30 años después de Pablo, leyó alguna vez las cartas de Pablo, él no las encontró inspiradoras y menos inspiradas». Esto se debe a que, «Mateo piensa que ellos, como seguidores de Jesús, necesitan guardar la ley. De hecho, ellos necesitan guardarla aun mejor que muchos religiosos judíos».[7] Pablo, por otro lado (continúa diciendo Ehrman), dice que: «Entrar al reino… es hecho posible solo por la muerte y resurrección de Jesús». Eso es todo. No hay necesidad de respetar la ley. De hecho, «para los gentiles, el guardar la ley judía (por ejemplo, la circuncisión), estaba estrictamente prohibido».[8]

Entonces… quizás tenga razón.

Realmente suena como una diferencia, ¿no?

Pero, como siempre, dejarse seducir por el aroma de la contradicción, puede a menudo enceguecer a una persona con respecto a todo lo que está a su alrededor. Esto te pasará si ignoras algunas claves disponibles que podrían guiarte a conclusiones bastante diferentes. Hay más en esta historia de lo que se observa a simple vista.

Primero, *están leyendo solo la mitad de lo que Jesús dijo*. El punto principal de lo que estuvo diciendo en Mateo 5:17 tuvo menos que ver con «no destruir» o «no abolir» la ley del Antiguo Testamento y mucho más con Su tarea de «cumplirla» —un punto que Mateo expresa una y otra vez en su Evangelio (Mat. 1:22; 2:15,17,23; 4:14; 8:17; 12:17; 13:35; 21:4; 27:9)—. Jesús, él afirma, es la consumación de la ley, la expresión total de la ley, el cumplimiento total y perfecto del Antiguo Testamento al que se estaba apuntado desde el principio. Así Mateo 5:19 dice: «Cualquiera, pues, que anule uno solo de estos mandamientos, *aun* de los más pequeños, y así *lo* enseñe a otros, será llamado muy pequeño en el reino de los cielos […]». Con esto no se refiere a una mirada hacia lo que fue una observancia técnica de la ley, sino una mirada hacia adelante, a la verdadera observancia del corazón que ya podemos vivir… debido a Cristo, quien ha cumplido la ley.

Jesús no está presionando aquí para cumplir la letra de la ley, sino para poder ver a dónde la ley nos guía: a la integridad de una vida extendida desde el corazón a la acción. Así que no se trata solo de asesinato, sino de odio; no solo de adulterio, sino de lujuria; no solo del divorcio, sino de respetar tus votos. Cumplimos la ley al obrar así. Desde esta perspectiva, es como Pablo, quien nos llama a amar, buscar la verdad e imitar al Señor (1 Cor. 10:31-11:1; Fil. 4:8-9).

Segundo, *no tienen en cuenta el llamado de Mateo a la gracia*. Si Mateo estaba tan determinado al decir que la adherencia a la ley era más importante que nunca antes, entonces lo más probable es que nunca hubiera empezado su transcripción del Sermón del Monte de Jesús con las palabras: «Bienaventurados los pobres en espíritu, [...]» (Mat. 5:3). Desde el mismo principio, él permite que Jesús sea recordado por instar a las personas a que reconozcan y admitan su desesperada condición delante de Dios.

Esta no es exactamente una declaración de haz-buenas-obras.

Entonces, mientras Jesús a través de Mateo 5 continúa exponiendo las profundidades de la fragilidad humana —al prohibir, por ejemplo, no solo el asesinato, sino la *ira* que lleva a asesinar (v. 21-22), al prohibir no solo el adulterio, sino aun la lujuria que lleva al adulterio (v. 27-28)—, Él anticipa las palabras de Pablo: «No hay justo. Ni aun uno... por cuanto todos pecaron y no alcanzan la gloria de Dios [...]» (Rom. 3:10,23). Como lo dice un escritor: «Lo que Pablo está explicando en Romanos y Gálatas, Jesús lo hace en el Sermón del Monte».[9] En cualquier lugar que leas, verás que la humanidad necesita la ayuda y el favor de Dios, no ganando su entrada por buenas obras a sus buenas gracias. Toda buena obra que hagamos es producto de Su gracia, no su causa (Ef. 2:8-10).

Tercero, *están perdiendo de vista el enfoque de Cristo en la motivación y la actitud con respecto a obedecer la ley*. Mateo señala los momentos en que Jesús hace cosas que desafían la ley. Él lo hace aun en Mateo 5 cuando cita Éxodo 21:24, en el versículo 38. Aquí el resalta nuevamente lo que la ley enseñó. Todo el capítulo muestra que Jesús no está leyendo la ley como meras reglas que deben cumplirse, sino que está subrayando la actitud del corazón que la ley llama también a seguir. Está presionando a su audiencia a tener un carácter fiel delante de Dios, que es exactamente lo que Pablo enseña en Gálatas 5:18-23. En lo que respecta a Cristo, los seres humanos corrompen la ley con sus actitudes inmorales con respecto a Dios.

Entonces, vayamos cerrando esta prueba de la siguiente manera: Existen más similitudes entre los Evangelios y las cartas de Pablo que las que alguien podría notar. Esperamos que lo veas de este modo. Sin embargo, hay también algunas diferencias obvias.

Pero, ¿si todo lo que leyeras en Pablo fuera *exactamente* lo mismo que está en los Evangelios, sabes quiénes tendrían mayores problemas para dar explicaciones?

Nosotros.

Piénsalo. Jesús estaba predicándole a gente (en Mateo) *antes* que ellos fueran testigos de Su muerte y resurrección. Aun Sus propios discípulos, a pesar de habérseles dicho de manera reiterada que iba a ser muerto y que se levantaría nuevamente, nunca lo entendieron. Y ellos eran los más cercanos a Él.

Así que imagínate lo que tu profesor de religión diría si los escritores de los Evangelios hubieran puesto en la boca de Jesús una teología completamente desarrollada de los eventos clave de Su vida —Su muerte, sepultura y resurrección—, eventos que no habían sucedido todavía, eventos que no habían venido a ser parte de la historia mundial y que nadie había experimentado. ¿Habría sonado esto como una conversación auténtica? Habría sido como si hubiéramos estado hablando en pasado acerca de un vestido que alguna actriz vestiría para los Oscar del próximo año. El hecho de que los escritores de los Evangelios, cada uno componiendo sus trabajos muchos años después de la vida de Jesús en la tierra, no cambiaron sus palabras para hacerlas sonar más como las de Pablo, no los fuerza a estar en contradicción. En todo caso, esta es otra prueba de que los escritos tienen exactitud histórica. Es un testamento de su integridad y honestidad. Ellos estuvieron *registrando* historia (y de manera responsable la interpretaron), no la *reescribieron* alterando los hechos y cambiando el mensaje.

Pero entonces, cuando Pablo llegó después de la muerte, resurrección y ascensión de Jesús, él se movió en un período de la historia totalmente distinto. La cruz y la tumba vacía eran, para ese tiempo, aspectos permanentes del pasado, listos para ser tratados y descritos a través de los seguidores de Jesús con posterioridad a Su muerte. Así entendemos por qué vemos una *entendible progresión* de pensamiento y teología que fluye desde lo que Jesús había dicho en la tierra a lo que Pablo y otros decían acerca de Él, tiempo después.

Hay valor —aun virtud— en la *diversidad*.

Y en ningún lugar se traduce en *desacuerdo* real.

Reuniendo las piezas

Quizás alguna vez te hayas sentido sacudido por la cobertura televisiva de un caso legal de mucha popularidad. La fiscalía presenta su versión de los acontecimientos, entonces los abogados de la defensa presentan su propio testimonio y a sus testigos. Y para el momento en que el jurado debe deliberar para arribar a un veredicto... ¿cuál dijimos que era su trabajo? Ver si pueden juntar toda la información que han recibido y ponerla de vuelta en un flujo único, sin tropiezos y completo de los hechos.

Ellos están *armonizando* el material.

Esto se debe a que ningún individuo que subió al estrado como testigo dijo cada detalle, de principio a fin, de toda la gama de circunstancias envueltas en el caso. Pero al final, poniendo cada parte sobre la otra, el jurado trabaja con todos los pedazos extraviados de evidencia para diseñar una línea de tiempo razonable y recrear en su mente la figura completa.

Los historiadores lo hacen todo el tiempo. Cuando se enfrentan con la historia antigua, están *obligados* a armonizar. Tienen que leer docenas, quizás cientos de libros, artículos y muestras de correspondencia escrita; tienen que escuchar grabaciones, conferencias y entrevistas personales; investigan cuantas descripciones puedan encontrar sobre cualesquiera de los temas que están buscando conocer: una guerra, un período de tiempo, un movimiento o una presidencia. Entonces, por último, al final, serán capaces de presentar un resumen reconstruido de lo que piensan que pasó, en el orden supuesto, todo en relación con las otras cosas que iban ocurriendo al mismo tiempo.

Esto es armonía. Una composición. Una fusión.

Ahora, algunas personas no piensan que la Biblia —si hubiera sido escrita en la manera en que se supone que debía ser escrita— debiera requerir armonización. Si ha sido inspirada por Dios, los detalles deberían ser demasiado claros, sin que generen preguntas o sospechas. Si ellos hubieran estado a cargo de escribir la Biblia, seguramente habrían hecho un mejor trabajo al mantenerla perfectamente consistente en todos los lugares. Eso es algo que Dios debería ser capaz de hacer.

En verdad, esto puede convertirse en un buen discurso de campaña. Está pensado para agitar las aguas y hacerte sentir como si Dios hubiera sido descubierto en una posición difícil y débil. Pero toda esta línea de pensamiento es, por decir lo menos, curiosa, al considerar que la armonización es una práctica corriente entre los historiadores y también al considerar cuán antiguos son los eventos de las Escrituras. Pareciera que lo que es aceptable al estudiar a Alejandro Magno, Julio César, Mozart o Pelé no llega a aplicarse con Jesús o la Biblia. Solo porque se trata de ellos.

Así que en lugar de tener la libertad para crear una vista global del juicio de Jesús, por ejemplo, al encajar la narración de Marcos (que es corta y va directo al grano) con la de Juan (que incluye muchos más diálogos y detalles), se nos dice que esos tipos estaban confundidos, fuera de sintonía y que sus Evangelios no se pueden armonizar.

Pero, ¿por qué no? ¿Qué regla dice que estamos autorizados a usar solo un libro —«Jesús: La biografía autorizada»— y eso es todo? ¿Por qué sería esta la única manera en que Dios podía inspirar Su palabra y aun declararla como tal? La Iglesia Primitiva pintó un cuadro mucho más armonioso. Ellos vieron los cuatro Evangelios en nuestras Biblias como si fueran *un solo* Evangelio, escrito «de acuerdo a» cuatro diferentes testigos —Mateo, Marcos, Lucas y Juan—: «¡El Evangelio cuadriforme!».[10] Ellos *querían* diversidad. Disfrutaban las diversas perspectivas porque pintaban un cuadro más rico y completo de quién era Jesús.

Lo mismo se puede decir al evaluar las llamadas «contradicciones» que tienen que ver con *líneas de tiempo* —descripciones de cuándo pasó, qué pasó primero y qué después—. ¿Por qué no siempre suenan igual? ¿Por qué los hechos no siempre están presentados en el mismo orden?

La literatura antigua del período de los Evangelios se preocupaba menos por colocar los acontecimientos en orden cronológico que por ordenarlos por temas y tópicos. Esto es un hecho. Así, por ejemplo, cuando Lucas informa sobre la ruptura del velo del templo *antes* de la muerte de Jesús (Luc. 23:44-46), y Mateo y Marcos la mencionan *después* de la muerte de Jesús (Mat. 27:50; Mar. 15:37-39), hay una regla muy simple para el reordenamiento.

De acuerdo con la ley ceremonial, la pesada y muy elaborada cortina a la que ellos se refieren separaba el Lugar Santísimo del resto del interior del templo (2 Crón. 3:14), dando a entender que era un lugar al que solo podía acceder el Sumo Sacerdote y solo una vez al año en el Día de la Expiación (Heb. 6:7). Así que este desgarramiento del velo del templo que coincide con la crucifixión de Jesús —«[…] se rasgó en dos, de arriba abajo […]» (Mat. 27:51)— era agudo en su simbolismo de lo que Su muerte significaba: la remoción de todas las barreras entre el ser humano y Dios. Este era un milagro ilustrativo y épico.

Mateo y Lucas, que son mucho más descriptivos que Marcos, escogieron agrupar este maravilloso milagro junto con algunas de las otras señales cósmicas que ocurrieron en ese día trascendental —la oscuridad al mediodía, la caída de las rocas que se parten producto del terremoto, los cuerpos resucitados que salen de las tumbas abiertas— presentando esos hechos sin ningún orden en particular. La importancia de ordenar esos eventos de manera cronológica resuena más con una mentalidad de nuestro pensamiento *moderno*. Esa es la manera en que, generalmente, procesamos los eventos de hoy cuando queremos contarlos o investigarlos otra vez. Pero estamos siendo un tanto arrogantes e implacables al forzar nuestras perspectivas lineales sobre escritores de tiempos pasados que no estaban tan acostumbrados a orientar sus historias de esa manera. Solo al equiparar *buena* erudición con erudición *escéptica,* es que una persona puede fingir sorpresa ante la flexibilidad cronológica que es tan común en los textos antiguos.

Esos escritores no estaban mintiendo, ni en este caso ni en otros donde la línea de tiempo de la vida de Jesús aparece ligeramente torcida. Ellos y sus lectores y oidores originales simplemente no estaban preocupados por las mismas cosas que nos preocupan hoy en día.

Esto es *diversidad*, no *desacuerdo*. Uno simplemente escogió presentar un detalle como parte de otro tema que vio como más relevante que adecuarse a la cronología. Y como escritores tenían el derecho a tomar esas decisiones.

Sí, la armonización puede ser un proceso un tanto desordenado en algunos puntos. Lo admitimos. Así como en la corte, algunos cabos sueltos pueden aparecer donde las piezas no calzan de manera exacta. Pero en un caso tras otro en las Escrituras, como lo hemos visto en los ejemplos estudiados durante este capítulo, pueden presentarse argumentos sólidos acerca de la razón por la cual fueron descritos así.

«Un» gran problema

La madre de todas las contradicciones en la mente de Bart Ehrman —aquella que «abrió las compuertas» cuando la reconoció[11]— se refiere a lo que de hecho es una cita menor que, debemos admitir, es un poco confusa e interesante de investigar. Pero a juicio de Ehrman, fue un motivo suficiente para dar un enorme paso que lo alejó de su antigua creencia en la inspiración divina de la Biblia.[12]

Esa es la gota y su fe es el vaso que se rebasa.

Solo para asegurarnos de lo que estamos comunicando: los Evangelios (es probable que lo sepas) no son completamente diferentes uno de otro. Esto se observa de manera especial en Mateo, Marcos y Lucas —que son conocidos como los Evangelios sinópticos (un compuesto de dos palabras griegas que significa «vistos juntos»)—, pues muchas de las mismas historias de la vida de Jesús podrían aparecer en dos de ellos, algunas veces en tres de ellos. En ciertos casos las diferentes narraciones son las mismas casi palabra por palabra; en otros casos, difieren un poco; incluso en otros casos la diferencia podría ser más sustancial.

Mateo 12:1-8, Marcos 2:23-28 y Lucas 6:1-5 incluyen una historia donde Jesús y Sus discípulos estuvieron caminando a través de un campo de trigo durante el día de reposo (Sabbath), tomando de los granos mientras caminaban. Ellos estaban hambrientos, pero era el Sabbath. Así que cuando los vieron los quisquillosos fariseos, Jesús y Sus hombres fueron acusados de un serio atrevimiento: quebrantar la ley.

Jesús respondió a la acusación recordando una escena milenaria de la vida temprana del rey David (1 Sam. 21:1-6). David y su joven banda de guerreros se detuvieron hambrientos a la puerta del Sumo Sacerdote, pero encontraron que el único pan disponible en la casa eran los panes sagrados que habían sido dedicados en adoración a Dios. El sacerdote, sin embargo, decidió darles esos panes de todas maneras.

El nombre del sacerdote, de acuerdo con 1 Samuel 21, era Ahimelec.

Pero eso no es lo que Marcos nos dice.

Marcos es el único de los escritores de los Evangelios que, cuando vuelve a narrar el episodio (Mar. 2:26), escoge identificar esta historia del Antiguo Testamento a la que Jesús se ha referido, diciendo que sucedió cuando el Sumo Sacerdote de turno tenía por nombre… Abiatar.

Así que, ¿quién es?, ¿ambos? ¿Ahimelec o Abiatar?

Acá hay un problema.

Tenemos que recordar que este fue el golpe que envió a Bart Ehrman al borde de su creencia cristiana. Si el Dios que, supuestamente, creó y mantiene la química atmosférica del planeta Tierra no puede evitar que uno de sus escritores de los Evangelios escoja el nombre equivocado, cuando va a la lista de nombres bajo el título «Sumos Sacerdotes Empezando con la Letra A», ¿cómo vamos a creer que Él es todopoderoso y sabio?

¿Quieres una contradicción? ¿Quieres saber por qué esos Evangelios independientes no pueden ser armonizados y no se pueden pasar por alto sus discrepancias? «¡Qué tal *esta*!», nos dice Ehrman.

Ahimelec. Abiatar. ¡No hay armonía posible!

OK. Puede ser que estos dos nombres se confundan —no desde el origen, pero sí en algún punto a lo largo del camino—. Alguien puede pensar así. Es razonable.

Pero, ¿esta es la única posibilidad? ¿Podemos pensar en otras razones?

Bueno, tratemos con un par de ellas.

La pequeña palabra griega *epi* usada en Marcos 2:26, justo antes de las palabras «Abiatar, el Sumo Sacerdote», es traducida como *sobre*. Pero en este caso *sobre* no tiene mucho sentido. Tú no dirías que un evento pasó «*sobre* Abiatar, el Sumo Sacerdote». Pero, como te diría cualquier persona que esté aprendiendo un idioma extranjero, las palabras tienen varios significados. Lo difícil es saber cuándo usar cada significado. ¿Qué podría significar *epi* aquí, si no es *sobre*? Tenemos dos candidatos principales.

Opción 1 - Tiempo

Epi podría indicar el *tiempo* en que ocurrió el hecho. Como el tiempo con el que nos referimos a los años de Kennedy o a la era de Diego Armando Maradona. No es siempre un período de tiempo definido técnicamente, sino como una temporada general en la historia. Abiatar, entonces, es un nombre mucho más reconocido entre los Sumos Sacerdotes de ese tiempo; ya que fue uno de los pocos sobrevivientes de las maniáticas masacres de sacerdotes del rey Saúl en 1 Samuel 22. De allí que hubiera sido el punto más rápido de conexión para la audiencia de Marcos del Primer Siglo. Mucho más que Ahimelec.

Algo similar ocurre en Lucas 3:2, donde se nos dice que tanto Anás como Caifás fungen como Sumos Sacerdotes durante el ministerio de Jesús, aunque ninguno de ellos era oficialmente Sumo Sacerdote al mismo tiempo. Sin embargo, nadie puede, de verdad, acusar a Lucas de haber cometido un error; ya que Caifás era el Sumo Sacerdote, pero su suegro Anás se mantenía como un personaje principal al que todavía se le llamaba «El Sumo Sacerdote». Esa es la manera como aún en los Estados Unidos se refieren a los ex presidentes como «Presidente Bush» o «Presidente Clinton», aunque ellos ya no ejerzan el cargo. ¿Por qué Marcos no pudo haber hecho eso?

Opción 2 - Ubicación

Epi también podría indicar el lugar en donde la historia original estaba *ubicada* en las Escrituras del Antiguo Testamento. La Biblia todavía no había sido dividida en capítulos y versículos, cuando Marcos estaba escribiendo su Evangelio. Al hacer referencia a las historias que venían de las Escrituras Hebreas existentes, él solo podía llevar a sus lectores lo más cerca posible. Así que hizo lo mismo que en Marcos 12:26 cuando citó a Jesús diciendo: «...¿no habéis leído en el libro de Moisés, en el pasaje sobre la zarza ardiendo, [...]». Él no dijo: «[…] en Éxodo tres». Él solo tuvo la intención de decirle a la gente que se estaba refiriendo a una parte general en los rollos donde se habla de Dios apareciendo por primera vez a Moisés. En el caso de Abiatar, cuya primera aparición en las Escrituras cae justo después de la historia contada en el Evangelio, la razón de Marcos pudo haber sido ayudar a sus lectores a encontrar con más facilidad la ubicación de la historia de la que estaba hablando.

¿Podemos estar seguros de esto? No. Pero al menos tenemos una hipótesis razonable.

Si la confusión en la redacción sobre Ahimelec y Abiatar es realmente donde Ehrman renunció a la Biblia, nosotros con humildad deseamos que todavía esté abierto a considerar otras posibilidades. Porque así como con cada contradicción de la que se acusa a la Biblia, las cosas no son tan sencillas como los escépticos sugieren.

¿Por qué no podemos oír a la Biblia cantar con un poco de armonía?

Repitamos el negocio

Algunas personas que defienden la libertad a la diversidad no toleran la presencia de diversidad en la Biblia. Algunas personas que acusan al cristianismo de estar fuera de tono no le permiten a la Biblia armonizar su camino hacia la cohesión. Y algunas otras personas que piensan que somos muy tontos al querer mantenernos en nuestra fe son, quizás, demasiado lentas para permitirnos usar nuestro sentido común con la misma cortesía.

Presentamos una pequeña analogía que nos ayudará a ver qué significa esto.

Asumamos solo por un momento que tú eres un súper fan de una banda musical o de un intérprete. Y por esa razón te podrías sentir tentado a asistir durante un año (claro, si tienes el tiempo y el dinero) a unos tres o cuatro de sus conciertos en cualquier lugar donde ellos se presenten. Los viste en Bogotá, en Lima, en México y aun una vez en Santiago de Chile, bastante lejos de donde vives. Seguramente has detectado el guión que ellos desarrollan en todas las presentaciones que han hecho. El orden de las canciones es más o menos el mismo. Algunas tienen las mismas bromas y las mismas frases atractivas en la misma parte del show. Pero ya que estás muy familiarizado con el flujo de la noche, tú eres capaz de notar de manera particular cuando ellos personalizan sus bromas para el auditorio local —«¡Hola, Buenos Aires!» «¿¡Está por aquí Messi?!»— o cuando ellos reconfiguran un poco el material presentado en el concierto anterior que viste. Podrías decepcionarte, a decir verdad, si al estar allí en persona hubieras escuchado "en vivo" exactamente las mismas grabaciones cada vez.

Los escépticos más duros a menudo son culpables de tratar la narración bíblica de la vida de Jesús como si fuera una serie de eventos anunciados como «solo por esta noche». De allí que cualquier cosa que se hubiera dicho, hecho o enseñado en un pueblo o lugar específico se establece como que eso fue dicho, hecho o enseñado *una sola vez*. Y si alguna vez escuchamos a uno de los Evangelios usar una palabra diferente de otro Evangelio al recordar algo que Jesús dijo, entonces la Biblia está, de manera obvia, citándolo mal (lo que no ayudaría mucho al argumento de la «inspiración divina», ¿no es cierto?).

Pero, ¿por qué debemos asumir esto? ¿Por qué es raro pensar que Jesús haya hablado sobre ciertos temas más de una vez? ¿En diferentes lugares? (Recuerda: como la banda que mencionamos arriba, Jesús era un predicador itinerante). No es como si la gente que no escuchó a Jesús en persona ese día pudiera chequear su Twitter o ver el último informe de CNN. ¿Será que Sus apariciones en cada pueblo incluyeron siempre material nuevo? ¿O que Él poseía tan poca personalidad o poca conciencia de cada audiencia como para no variar nunca Sus discursos?

Como cualquier buen maestro, ¿no habrá enseñado a menudo repitiendo, reforzando Sus principios propuestos, dándoles más oportunidades para imprimirlos en las mentes y los corazones de Sus oyentes? ¿Podría reaccionar a un episodio en tiempo real afirmando una verdad ya expresada previamente, pero presentándola de tal manera que fuera más adecuada a la nueva situación?

Por supuesto. Es lógico que fuera así.

Una «contradicción» común de esa clase involucra las declaraciones de Jesús en Mateo 12:30 —«El que no está conmigo, está contra mí; [...]»— y Marcos 9:40 —«Pues el que no está contra nosotros, por nosotros está»—. Lee ambos una vez más, y pronto verás los cambios en la fraseología.

Pero no leas solo las palabras. Considera también el contexto.

En Mateo, Jesús estaba dirigiendo Sus comentarios a un grupo de fariseos que murmuraban que el poder de Jesús para echar fuera demonios provenía del diablo mismo. En Marcos, sin embargo, Jesús estaba hablándoles a Sus propios discípulos (el «nosotros» en Sus palabras), quienes estaban quejándose de haber visto a otro seguidor de Cristo, uno que no pertenecía a Su pequeño y estrecho grupo, echando fuera demonios en el nombre de Jesús. ¿No sabía que ese era el trabajo de *ellos*? Por eso trataron de detenerlo. Es obvio que estas palabras de Jesús registradas en Mateo y en Marcos no fueron dichas al mismo tiempo, a la misma audiencia ni con la misma intención. Y esto a pesar de que comunican un mismo mensaje.

Entonces, Lucas irrumpe en el proceso a su manera, dándole el apoyo más sonoro a nuestro argumento. ¡Él nos prueba que no vio contradicción o visión doble en lo que pasó al incluir *ambas* historias en su informe (Luc. 9:50; 11:23)! Así que si ambas afirmaciones están, de alguna manera, en conflicto, entonces Lucas estaba en conflicto consigo mismo.

Otra «contradicción» célebre en la Escritura —el centurión romano quien afirmó creer al momento de la muerte de Jesús— tiene menos que ver con el *contexto* y mucho más que ver con el propósito del escrito.

Recuerda que los escritores de los Evangelios no estaban entregando sus escritos a una editorial, con la esperanza de que un día sus trabajos pudieran ser impresos en tu Biblia. Creemos, por supuesto, que el Espíritu de Dios los guió a escribir. Pero aun si alguien desea negar la inspiración, de todos modos esos hombres tenían sus razones personales para escribir sus historias.

- *Mateo*, por ejemplo, escribió desde un punto de vista judío, con el propósito de mostrar que Jesús era el Mesías largamente profetizado.
- *Marcos* describió a Jesús a través de su Evangelio como el Hijo de Dios poderoso y acreditado con autoridad.
- El Evangelio de *Lucas* es la primera parte de una historia en dos partes con el libro de Hechos, dirigido de manera específica a una audiencia griega, que presenta entre los incrédulos los argumentos a favor de la autoridad y autenticidad de Jesús.
- *Juan* enfatizó la divinidad de Jesús y la necesidad de creer en Él, conocerlo y recibir vida eterna.

Así Marcos, al mencionar al centurión, lo cita diciendo de Jesús: «En verdad este hombre era *Hijo de Dios*» (Mar. 15:39). Marcos nos está diciendo de una forma emocionante quién es el Cristo. Cuando Lucas registró la misma escena, lo citó diciendo: «Ciertamente, este hombre era *inocente*» (Luc. 23:47).

¿Contradicción?

Como lo afirma un comentarista: «El estatus de 'justo' está, de seguro, implícito en el título 'Hijo de Dios', haciendo esos términos bastante intercambiables… [Y] dada la preferencia de Marcos por el tema del 'Hijo de Dios' y dada la preocupación de Lucas por probarles a las autoridades que Jesús (y los cristianos) eran inocentes, esas diferencias son bastante entendibles».[13]

¿En ocasiones los Evangelios difieren en los detalles? Sí.

Pero, otra vez, ¿esto encadena la Biblia a una serie de contradicciones?

De ninguna manera.

El mito de la evolución de Jesús

El último de los puntos principales con respecto a la contradicción. Y este es de verdad importante porque se ocupa de algunos de los temas que rodean al escepticismo del que has oído todo el tiempo en las clases de religión y en la cultura en general: Jesús podría haber sido un hombre real y un gran maestro, pero eso no significa que sea Dios.

Algunos de los académicos más inclinados hacia el ala liberal concluyeron que la doctrina de la «divinidad de Cristo» no es original a Jesús, sino que fue fijada más tarde como respuesta a la presión de la cultura griega, cuyo panteón (Zeus, Poseidón, Atenea y los demás dioses) era central en su adoración. Si los cristianos esperaban impactar en el enfrentamiento de ideas del primer siglo, entonces iban a necesitar no solo al Cristo («El Ungido») sino a *Dios*.

Es por eso que aquellos que se conocieron como los seguidores de Jesús, sostienen los escépticos, con el tiempo sintieron la necesidad de decir cosas como estas…

> Porque aunque haya algunos llamados dioses, ya sea en el cielo o en la tierra, como por cierto hay muchos dioses y muchos señores, sin embargo, para nosotros hay solo Dios, el Padre, de quien proceden todas las cosas y nosotros somos para Él; y un Señor, Jesucristo, por quien son todas las cosas y por medio del cual existimos nosotros. (1 Cor. 8:5-6)

> Él es la imagen del Dios invisible, el primogénito de toda creación. Porque en Él fueron creadas todas las cosas, tanto en los cielos como en la tierra, visibles e invisibles; ya sean tronos o dominios o poderes o autoridades; todo ha sido creado por medio de Él y para Él. Y Él es antes de todas las cosas, y en Él todas las cosas permanecen. (Col. 1:15-17)

> Para que al nombre de Jesús se doble toda rodilla de los que están en el cielo, y en la tierra, y debajo de la tierra, y toda lengua confiese que Jesucristo es Señor, para gloria de Dios Padre. (Fil. 2:10-11)

Y mientras que cualquier persona hoy puede decidir por sí mismo si cree o no que Jesús es el Hijo de Dios, es realmente difícil seguir el argumento escéptico presentado aquí: que la idea completa de asignarle divinidad a la persona de Jesús vino después de los Evangelios. Porque, ¿sabes cuándo fueron escritos esos versículos citados de 1 Corintios, Colosenses y Filipenses?

Antes de los Evangelios.

Esto significa que al menos para mediados de los años 50 y principios de los 60 después de Cristo (de hecho podría ser aun más temprano), los cristianos ya estaban reconociendo a Cristo como el preexistente y divino Hijo de Dios. «La inclusión de Jesús en la entidad divina», escribe Richard Bauckham, «fue central a la fe de la Iglesia Primitiva aun antes que cualquiera de los escritos del Nuevo Testamento fueran escritos». Aunque podemos rastrear el desarrollo de este pensamiento a través de las Escrituras y el tiempo, «el paso decisivo de incluirlo» dice Bauckman, «fue hecho al principio».[14]

Y no solo esto, sino que puedes verlo empezar aun mucho tiempo antes. El académico británico N.T. Wright ha ahondado hábilmente en el Antiguo Testamento, estudiando pasajes del Éxodo, Levítico, 1 Samuel, 1 Reyes e Isaías, junto con otros escritos de ese período, para ayudarnos a ver cómo los judíos del primer siglo entendieron a Dios y Sus acciones en el mundo.[15] Su estudio mostró «amplia evidencia de que la mayoría de judíos del período del segundo Templo que meditaron al respecto, esperaban el retorno de YHWH, quien habitaría nuevamente en el Templo de Jerusalén como lo había hecho en los tiempos de la vieja monarquía».[16]

(YHWH, por cierto, iguala a la palabra *Yahvé*, el nombre de Dios en hebreo).

Wright dice que los judíos del primer siglo hablaban de Dios y Su actividad de varias maneras específicas: Templo, Torá, Sabiduría, Logos y Espíritu. Así «cuando llegamos a los Evangelios con esas maneras de hablar en nuestras cabezas», nos dice, «descubrimos a Jesús comportándose —no solo hablando, sino comportándose— como si, de alguna manera, esas cinco maneras se están haciendo realidad en una forma distinta a través de lo que está haciendo».[17] Jesús se presenta a sí mismo como el Templo, por ejemplo (Mar. 14:58, entre otros). Él declara Su cumplimiento del Antiguo Testamento hablando «[…] como uno que tiene autoridad,[…]» (Mat. 7:29), enseñando como la Palabra, viviendo por el Espíritu. «Así que lo que vemos no es a Jesús yendo alrededor diciendo: "Yo soy la segunda persona de la Trinidad. Lo creas o no". Esa no es la manera exacta de leer los Evangelios. En vez de eso, debemos leerlos como historiadores del primer siglo. Y así veremos que Jesús se comporta en maneras que en conjunto dicen: toda esta gran historia acerca de Dios quien viene a estar con Su pueblo está sucediendo realmente».[18]

Y aunque Sus discípulos no llegaran a entenderlo —realmente la mayor parte del tiempo no lo hicieron durante Su vida (véase Mar. 6:52; 7:18; 8:33)—, puedes estar seguro de que los religiosos sí se dieron cuenta, aunque ellos lo rechazaron con incredulidad. Cuando Jesús dijo en Marcos 14:62 (también en Mat. 26:64 y Luc. 22:69) que lo verían sentado con Dios en el cielo, ellos sabían que estaba reclamando Su divinidad.[19] Ellos no necesitaban esperar 20 o 30 años a que los cristianos empezaran a hacer una campaña.

O piensa en el apóstol Pablo procesando la aparición de Jesús ante él tal como está descrita en Hechos 9. Pablo supo de inmediato quién era el Señor y cómo fue visto. Esta es la fe de la que escribe en los años 50 y 60 cuando presenta a Jesús como Dios, tal como lo acabamos de ver. ¡Pero él había experimentado esa realidad de la que escribe en los años 30!

Todo esto no niega, por supuesto, que el Evangelio de Juan (escrito más tarde) sea mucho más explícito que los otros al contemplar la divinidad de Cristo, tal como Ehrman y otros reclaman. Pero aun los Evangelios sinópticos presentan «en forma de semilla» lo que florecería en un más completo entendimiento de la encarnación: «La semilla está aquí, el completo código genético para el crecimiento que después tomará lugar».[20] Y la experiencia y los escritos de Pablo encajan como anillo a dedo.

Jesús es Dios a lo largo de toda la Escritura.

No hay contradicción.

Contradicciones bajo control

Empecemos a cerrar este capítulo.

Cuando nos acercamos a la Biblia, su historia y todo otro campo de estudio, siempre trataremos de evitar cualquiera de estos dos extremos: la *credulidad* (la disposición para creer cualquier cosa con ninguna o con la más mínima evidencia) y su mellizo más oscuro, el escepticismo. Alguien como Bart Ehrman, parece haber cambiado uno por otro. Y ahora cualquier signo de pregunta es para él un signo de admiración.

Una contradicción.

Pero, para que conste, afirmemos que la Escritura —de manera particular el Nuevo Testamento— en realidad orbita alrededor de tres temas centrales: (1) Hay un Dios; (2) Jesús es el Mesías y Señor exaltado; (3) A la comunidad cristiana le ha sido encomendada la proclamación del Evangelio.[21] Existen otros temas comunes, por supuesto, pero esos tres aparecen de manera sistemática como las columnas principales de la narrativa bíblica. Tal como lo dijo un autor: «La pregunta que debemos hacer no es si todos esos libros dicen la misma cosa, sino si juntos testifican del mismo Jesús».[22] Y bajo cualquier modelo objetivo, de verdad lo hacen.

La Iglesia Primitiva, por su parte, vio la diversidad de los documentos del Nuevo Testamento como una *ventaja*, en vez de una *desventaja*. Ellos no conspiraron para eliminar los cuatro Evangelios y consagrar una versión oficial como el exclusivo testigo de los eventos alrededor de la vida de Jesús. Entendieron que cuatro fuentes históricas distintas demostraban ser más útiles al dar un retrato más rico de Cristo que cualquier otra fuente única jamás podría brindar, sin importar cuán detallada fuera su historia.

¿Esta decisión de parte de Dios nos deja con preguntas como las que hemos presentado en este capítulo? Sí, lo hace —aunque, otra vez, las respuestas a esas preguntas no son tan definidas como a alguna gente le gustaría que creyeras—.

¿Podríamos probar con absoluta certeza que nuestras posiciones son correctas? No, no siempre. Pero tampoco se puede probar que están equivocadas. No denigramos a otros por sostener sus posiciones, pero ¿por qué nuestras conclusiones razonadas deberían ser declaradas absurdas y fuera de límites —contra las reglas— aun si la gente quiere desechar las creencias religiosas que moran dentro de ellos?

De muchas maneras esta tensión que experimentamos nos dice mucho acerca de Dios y Sus propósitos, Su disposición para exponer Su perfección en la historia humana. Algunos críticos parecen decir que si Dios insiste en que Su libro sea considerado como único en la historia de la literatura, entonces la Biblia es susceptible a formas de escrutinio propias y únicas. ¡Y sí que lo ha sido! Ningún otro escrito ha soportado y sobrevivido tantas investigaciones con respecto a su autenticidad —lo que es bueno y válido—. ¡Que vengan más! Pero lo que de verdad es sorprendente e indicativo de Dios, es que en vez de crear una Palabra mística que existe en alguna esfera de comunicación desconocida, fuera de este mundo por sí misma, Él escogió usar hombres normales, que escriben de manera normal, y operan dentro de los parámetros y costumbres normales de sus días.

¿Qué puede ser más auténtico que *eso*?

Muchos de nosotros sabemos que nuestro propio encuentro personal con el evangelio —el perdón de pecados, el camino de pureza y la promesa del cielo— a menudo se siente como una experiencia inestable, escabrosa y poco placentera. Empieza con nuestra necesidad de la sangre derramada por Cristo, y ahora —aun después de haber sido capturados por Su amor— nuestra resistencia interna continúa creando fricción, en la medida en que seguimos viviendo las implicancias de la contracultura presentada por el evangelio. Pero solo porque no siempre conozcamos lo que es bueno para nosotros, no significa que no se nos pueda hacer ver la verdad por la fe. Y Dios es infinitamente paciente y persistente con nosotros mientras, de manera nerviosa, intentamos aprender de Él y conformarnos a Su naturaleza y carácter.

De manera similar, tanto para los académicos como para los estudiantes, el encuentro con las Escrituras puede sentirse a veces discordante, extraño, difícil de manejar y de entender. Pero aun así al invitar a la verdad en nuestra exploración, podemos encontrar mucha paz en nuestra lucha, tanto con nosotros mismos como con los demás —no creyendo solo por creer, sino creyendo porque es enteramente razonable—.

Así es como algo parecido a la *diversidad legítima* puede defenderse en contra de las afirmaciones del *desacuerdo escéptico*. Y cuando se permite competir sobre la base de reglas de juego justas, las contradicciones empiezan a caer por el camino una tras otra.

Preguntas de discusión

1. ¿Cuál es la diferencia entre diversidad legítima y contradicción?
2. ¿Has tenido una experiencia particular con un amigo en la que volviste a contar una historia en diferentes maneras? ¿Tuvo que ver con que alguno de los dos estaba equivocado, o solo narraste la historia de una manera distinta?
3. ¿De qué manera el ministerio itinerante de Jesús (Él viajó por muchos lugares predicando a diferentes grupos) podría haber causado alguna de las diferencias que observamos en los Evangelios?

Necesito el original

¿Cómo pueden ser las copias de las copias lo mismo que el original?

*Una de las cosas que la gente malentiende, por supuesto
—especialmente mis estudiantes de diecinueve años de
Carolina del Norte— es que cuando estamos leyendo
la Biblia, no estamos, en efecto leyendo las palabras de
Mateo, Marcos, Lucas, Juan o Pablo. Estamos leyendo las
traducciones de los originales de Mateo, Marcos, Lucas,
Juan o Pablo, porque no tenemos los originales de ninguno
de esos libros del Nuevo Testamento. Lo que tenemos son
copias hechas algunos siglos después —en muchos casos,
muchos siglos después—.*
—Bart Ehrman[1]

*El libro de Ehrman (Misquoting Jesus [Citando Mal
a Jesús]) aunque escrito con la intención de debilitar la
certeza con respecto al texto del Nuevo Testamento, lo que
hace es demostrar como la abundancia de manuscritos y
la antigüedad de los manuscritos, cuando son expuestos
a la maquinaria de la metodología crítico-textual, nos
permiten conocer con un alto nivel de probabilidad lo que*

los evangelistas y lo que otros autores del Nuevo Testamento
escribieron.
—MARK ROBERTS[2]

L a Biblia. ¿Cómo llegó a nosotros?

No la distribución del Canon. Eso ya lo vimos en el capítulo tres. Sino las palabras en las páginas, la estructura de las oraciones, la manera en que se lee. ¿Cómo viajó todo *eso* a través de los siglos desde entonces hasta el presente?

¡Es cierto que la Biblia no cayó como por arte de magia del cielo, escrita en español, tipeada en Arial doce, con mapas coloridos y con tapas de cuero (o con una mezcla de poliuretano diseñado para *lucir* como cuero)! Pero es muy probable que buena parte de la gente que lleva sus Biblias hoy en día nunca haya pensado mucho en esto.

¿Lo has hecho tú?

¿Cómo lucía la Biblia al principio? ¿Cómo fue copiada y producida, especialmente en los primeros tiempos? ¿Se establecieron controles de calidad para mantener su consistencia y exactitud a través de los años? ¿Existe alguna probabilidad de que lo que hoy llamamos nuestra Biblia contenga errores? ¿Errores de tipeo? ¿Podemos estar seguros de que está completamente basada en lo que escribieron sus autores originales? ¿Cómo lo sabemos? ¿Cómo *podemos* saberlo?

Mientras preguntas como estas son suficientes para hacer que algunos duden de la autenticidad de la Biblia, como afirma Bart Ehrman, nosotros mismos nos hemos hecho esas mismas preguntas y nuestra confianza en la Biblia ha sido fortalecida.

De eso trata este capítulo. No, no nos oirás esquivando la respuesta, como lo hacen los estudiosos de todas las tendencias, al afirmar que desearíamos que el laborioso proceso de copiado, que preservó el texto de la Escritura, hubiera sido más infalible de lo que fue. Pero, como veremos, el hecho de que Dios no haya ido personalmente a imprimirla en el centro de impresión de la esquina, apenas elimina Sus huellas digitales de la Biblia.

Así que empecemos usando lo que conocemos.

Dondequiera que hagas una copia hoy, escaneándola, imprimiéndola o colocándola en el vidrio de una máquina copiadora, el resultado siempre será una copia exacta de lo que pusiste. Palabra por palabra, como el original. Pero mucho antes que existiera ese moderno equipo de oficina, y aun muchos siglos antes que Gutenberg inventara la imprenta en el siglo XV, la Biblia ya estaba haciendo su viaje adelante en el tiempo, escrita a mano con meticulosidad.

Lo cual, debemos admitir, no era exactamente una Xerox.

Piensa en esto: Si tú intentaras copiar a mano solo unas cuantas miles de palabras de este libro, aun con buena iluminación y un lapicero nuevo, descubrirías con rapidez la enorme concentración y habilidad que se necesita para completar el trabajo, para hacer que luzca bien y, mucho más importante, que se mantenga libre de errores, aun los más pequeños. Por ejemplo, al mirar con atención podrías darte cuenta de que te saltaste una línea completa cuando te detuviste para frotarte los ojos. Escribiste dos veces una palabra. Seguro que deletreaste mal unas cuantas. Te cansaste y te descuidaste. Perdiste la línea de pensamiento. Todo eso te puede pasar. ¿Y si, como los escribas de la antigüedad, no estás copiando lo que ves en frente de ti, sino lo que alguien está leyendo en voz alta delante de ti? Eso haría la tarea más difícil, ¿no es verdad? Algunas veces ellos estaban copiando mientras una persona leía en voz alta lo que el texto decía y múltiples oyentes hacían cada uno una copia. Esas copias luego se comparaban para observar si se había cometido algún error. Al comparar varias copias que fueron escritas al mismo tiempo, se descubrían muchos errores. Pero también era posible que se cometieran algunos errores y no se descubrieran inmediatamente.

Así que es cierto que, entre las muchas copias manuscritas del texto de la Biblia que se hicieron a lo largo de la historia (conocidas técnicamente como *manuscritos*), la posibilidad de un error humano siempre estuvo presente. Después de todo, la transmisión de la Biblia, así como la de cualquier otro libro, descansó en los métodos confiables de copiado de la época. Pudieron cometerse errores. Nunca estuvieron más allá del primer trazo del lápiz. Y si comparas hoy algunos de esos manuscritos antiguos y medievales unos contra otros, lado a lado, encontrarás pequeñas diferencias en algunos lugares entre copia y copia. Y no te gustarán.

Si no tienes el hábito de comparar manuscritos antiguos en tu tiempo libre para notar diferencias y errores, no te preocupes. A lo largo de los siglos, diferentes grupos de personas han estado estudiando estas cosas. Ellos descubrieron y catalogaron por nosotros las diferencias y sus ubicaciones. Algunos intentaron darle sentido a todo eso. Otros solo vieron problemas. Todos están haciendo preguntas justas. Pero la discusión es bastante antigua. De hecho, hay una disciplina llamada Crítica Textual para dilucidar estos problemas. Su intención no es «criticar» el texto, sino hacer un cuidadoso análisis de lo que el texto fue y es.

Este estudio nos provee de una historia fascinante. Para algunos representa un desafío a lo que la Biblia es —y si podemos confiar en ella tal como se lo pregunta Ehrman—. Pero la Biblia tiene tantas copias que podemos confiar en la redacción de las copias, al menos hasta saber cuáles son las opciones reales que tenemos (como los márgenes en tu traducción que algunas veces muestra una nota marginal que dice «o» y entonces te da otra traducción).

Una vez que has visto cómo fue el copiado y lo que sabemos acerca de cómo funciona, entonces verás que podemos confiar en las copias que tenemos en las manos y que las demandas de que esto no puede ser, son solo exageraciones acerca de la naturaleza de nuestros textos.

Algunos críticos podrían creer que hay razones para dudar de lo que tenemos, pero, en realidad, no hay mucho en esas afirmaciones.

Los números hablan

Empecemos extendiendo el catálogo completo de manuscritos bíblicos para que puedas ver el gran alcance de lo que estamos hablando.

La única manera en que la gente conoce de *cualquier* literatura antigua es a través de *copias*, no de originales. Esto no solo es verdad con respecto a la Biblia, es prácticamente cierto con todo lo demás. Tiene que ver con escritos extremadamente antiguos, así que podrás imaginarte cuán pocos de esos manuscritos tuvieron la probabilidad de sobrevivir hasta nuestros tiempos. Aquí hay una lista, por ejemplo, de unos pocos pero bien conocidos trabajos de la antigüedad, incluyendo la fecha aproximada de su escritura y el número de manuscritos actualmente a la mano.[3]

- Los trabajos del historiador romano Tácito. Primer siglo. Manuscritos: Tres.
- *La historia de Roma*, de Veleyo Patérculo. Primer siglo. Manuscritos: Uno.

- *La institución,* de Gayo. Segundo siglo. Manuscritos: Tres.
- *La guerra de los judíos,* de Flavio Josefo. Primer siglo. Manuscritos: 50.

¡Cincuenta, increíble! Eso es un tremendo salto en comparación con los otros, ¿no es cierto? Pero como puedes ver, este número es bastante inusual para escritos tan antiguos. En casi todos los casos, aun en los trabajos más ampliamente aceptados de los filósofos e historiadores antiguos, se los considera verificables con solo un puñado de fuentes disponibles que dan fe de ellos.

¿Estás listo ahora para el número de manuscritos sobrevivientes del Nuevo Testamento que conocemos y a los cuales tenemos acceso en la actualidad?

Te daremos una pista: Son muchos más que 50.

Prueba con alrededor de 5800. Y si le añades el latín, tienes otros 8000 más.

Y eso no incluye una vasta lista de citas —lugares en donde los maestros cristianos de los primeros siglos después de Cristo, citando directamente la Escritura en sus propios escritos, proveen aun más evidencia de lo que los documentos más antiguos de la Biblia de hecho decían—. Aun alguien como Bart Ehrman ha admitido que si todas esas citas de segunda mano fueran compiladas y catalogadas en el orden bíblico, puestas de principio a fin, serían «suficientes por si solas para la reconstrucción de prácticamente todo el Nuevo Testamento».[4]

¿Qué decimos entonces del número disponible de manuscritos bíblicos? ¿Más las citas? Que es inmenso. La Biblia es, *de lejos,* el libro más autenticado de la antigüedad.

Pero para algunas personas 5800 todavía no es suficiente. Es difícil saber qué número los satisfaría. Quizás si tuviéramos manuscritos más antiguos (muchos de los que tenemos son manuscritos tardíos). Pero tenemos que recordar que esos trabajos fueron escritos sobre materiales que se deterioran. Se hacen nuevas copias porque las más antiguas envejecieron y se volvieron quebradizas o sencillamente inutilizables.

Esto es casi como entrar a la Biblioteca del Congreso de los Estados Unidos y preguntar si esos son todos los libros que tienen.

De hecho, alguien le preguntó a Ehrman durante un debate: «¿Cuánta más evidencia *será* suficiente para que confíes en la veracidad del Nuevo Testamento?» ¿Su respuesta? «Bueno, si tuviéramos copias más tempranas, si tuviéramos copias de Marcos... Supongamos que la próxima semana se hace un descubrimiento arqueológico en Egipto —o mejor en Roma, un descubrimiento arqueológico en Roma—, y hay razones para pensar que esos diez manuscritos que han sido descubiertos fueron copiados todos de la copia original de Marcos en una semana y ellos solo discrepan en 0.001% en su variación textual, entonces diría que es buena evidencia. Pero eso es precisamente lo que no tenemos».[5]

¿Es realista esperar esto de cualquier trabajo antiguo y su evidencia manuscrita? Este es un patrón que no se aplica en ningún lugar en el tratamiento de textos antiguos. Esa es una expectativa parcializada. Después de todo, lo cierto es que el papiro se desgasta. Uno tiene que hacer nuevas copias para preservar el texto.

Entonces, nos parece que el tema principal no es acerca de la existencia de material suficiente. Como uno de nosotros lo ha dicho en un trabajo anterior, «la vara siempre parece estar justo un poco más alta que cualquier evidencia —como el mito de Sísifo quien pensaba que había llegado con la roca a la cima de la montaña, solo para rodar hacia abajo nuevamente»—.[6]

Entonces, ¿cómo respondemos a las demandas de que la Biblia está llena de toda clase de errores, desde errores de tipografía a manipulaciones intencionales en las que no podemos confiar?

Limpieza en el pasillo 5800

Los detractores están en lo cierto. Como dijimos, no tenemos los documentos físicos propiamente dichos que Mateo, Marcos, Lucas y Juan hayan escrito con sus propias manos. No podemos discrepar en eso. Pero tenemos un buen punto para aplicar una vez más nuestra lógica sana. Piensa en esta pregunta: *¿Por qué no tener los originales físicos significa que* NO PODEMOS *de manera absoluta conocer con cierto grado de confianza lo que los originales decían?*

Imagina que tu mamá te llama desde la cocina una noche y te dice que vayas donde tus hermanos pequeños y les digas que la comida estará lista en 15 minutos, y que uno de ellos tendrá que poner la mesa y que el otro deberá ponerle hielo a los vasos. Así que dejas lo que estás haciendo, subes las escaleras y, desde el pasillo donde ambos te puedan oír desde sus dormitorio, les dices: «Muchachos, mamá dice que la comida estará lista en 15 minutos. Ella quiere que uno de ustedes ponga la mesa y que el otro le ponga hielo a los vasos».

¿Tu mamá dio las instrucciones ella misma? No.

¿Pero eso fue lo que tu mamá te dijo que dijeras? Sí.

Entonces, ¿es posible, aun si no eres capaz de presentar un documento original con la información original escrita por el autor original, que tú todavía puedas conocer con cierta certeza lo que el original decía? Practica este ejemplo con tus hermanos más pequeños y ve si alguno de ellos no bajará para la comida.

Pero seamos un poco más técnicos. ¿Recuerdas que hace poco estuvimos hablando del número de manuscritos de literatura antigua que han sido preservados? Otra manera de observar la data es tratando de determinar *cuán antiguas* son las copias sobrevivientes y entonces, restarle la distancia en años (o siglos) desde cuando se piensa que se escribieron los originales. Mientras más pequeño el espacio cronológico —pudieras pensar— entre el original y la copia más temprana conocida, más alta es la probabilidad de que el primer manuscrito que poseamos refleje lo que el original decía. ¿Tiene sentido?

Así que miremos algunos ejemplos otra vez, pero ahora fechando los manuscritos catalogados como más antiguos y luego restemos los años para determinar cuán lejos están esas copias del original.

- Tácito. Copia más temprana: siglo IX (800 años después de que fue escrito el original).
- *Las instituciones de Gayo*. Copia más temprana: Siglo V (300 años).
- *La guerra de los judíos*. Copia más temprana: Siglo X o más tarde (900 años).[7]

¿Puedes notar la brecha acostumbrada con la que estamos lidiando? 800 años, 900 años —300 años como lo más cercano—. Algo importante que debemos recordar es que cuando esto sucede con esos otros trabajos, los eruditos de la historia antigua trabajan con esas copias y discuten la historia basados en su redacción. A pesar de que hay pocos manuscritos y la brecha es grande, todavía trabajamos con esos textos. Pero cuando vamos a la Biblia, no solo sobrepasa a todos los demás en el recuento de manuscritos —por cientos y miles—, sino que también los deja muy lejos en el examen del espacio cronológico.

El Nuevo Testamento fue escrito, según concuerda la mayoría de los académicos, entre el 50 d.C. (si no más temprano, en el caso del libro de Santiago) y alrededor del 100 d.C. (Apocalipsis). Y nuestro fragmento más temprano —el Papiro John Rylands— es una porción del Evangelio de Juan el cual está fechado… ¿listo?

Aproximadamente el 125 d.C.

Eso es apenas una generación después.

Unos 20 o 30 años. ¡Compáralo con una brecha de cientos de años! Ahora, para ser justos, este fragmento es solo un retazo de partes de unos pocos versículos, pero existe y nos muestra que el Evangelio de Juan fue escrito bastante temprano.

Más aún, para los siglos II, III y IV, el número de manuscritos verificables simplemente explotó. Secciones completas, libros enteros. Nuestro manuscrito *completo* más temprano del Nuevo Testamento —conocido como Código Sinaítico— puede ser fechado alrededor del siglo IV.[8]

Debemos recalcar que la riqueza del material disponible no está siquiera en el mismo grupo que otros escritos de ese período. Ni de cerca. Podríamos decir que esto es todo lo que un historiador desearía. Al menos admitamos que es, de lejos, mucho más grande que el tamaño de la muestra de cualquier otro escrito comparable de la época. Los muchos manuscritos disponibles, que están tan cerca de los originales, ofrecen tal riqueza de material que los académicos que estudian otros trabajos antiguos pagarían por estudiar estos temas para sus disertaciones doctorales.

Ya que no pueden tener el original, lo que ellos desean es tener la mayor cantidad de manuscritos posibles con el fin de hacer comparaciones entre las lecturas para descubrir consistencias e inconsistencias, ayudándolos a deducir casi con certeza lo que decía el original. Y no hay material que haga esto mejor que los antiguos registros de las Escrituras.

Ningún otro material.

Si consideras la gran cantidad de copias bíblicas que se estaban produciendo en el momento, así como lo cercanas que estaban de los escritos originales (conocidos como *autógrafos*) y también los manuscritos más tempranos conocidos, ¿por qué se nos fuerza a concluir que las copias son muy diferentes de los originales? ¿O a concluir que son completamente diferentes?

Ehrman, por su parte, al observar esta mínima distancia entre original y manuscritos se pregunta: ¿Quién sabe lo que pasó en el ínterin?[9] ¿Quién sabe qué engaños consiguieron meterse durante esas décadas oscuras de la historia, tanto como para que el original se corrompiera por completo? (Toma nota una vez más de la mentalidad de duda que prevalece en ellos).

Veamos lo que tendría que pasar para que la acusación sea válida. Un escriba a finales del siglo I o principios del siglo II tendría que hacer cambios sustanciales a, digamos, el evangelio de Marcos (sigamos esta idea). Él tendría que asegurarse de que, de alguna manera, su trabajo reemplace todas las otras copias de Marcos que ya se hicieron o que se están haciendo. Esto significa que para el tiempo en que viéramos una copia completa del siglo III o IV, ya no habría nada que sea reconocible del autógrafo original. Ni tampoco habría una sola pista de los cambios al comparar los manuscritos más antiguos unos con otros.[10]

¿Cierto?

Esto significaría poner en acción un trabajo de espionaje por cada libro y carta de la Biblia. Un número considerable de conspiradores bien coordinados tendrían que ir a cada lugar, por más pequeño que fuera, donde se estuviera realizando algún tipo de copiado. Es mucho más probable que lo que tenemos se remonte al período temprano. Los manuscritos con los que contamos provienen de una variedad de regiones y épocas. El número de manuscritos es tan grande que seguramente refleja una historia real de copiado de los originales.

Entonces, cuando los estudiosos afirman la probabilidad de grandes cambios de un original perdido, ellos apelan a lo que es conocido como un *argumento desde el silencio* —no se apela a pruebas, razones y documentación histórica, sino solo a un juego imaginario de conexión de puntos—, pero sin puntos y sin lápiz.

¿Puedes notar el tremendo salto que hay que dar para llegar allí?

Esto es escepticismo en exceso. El reclamo es que sin un original, nada se sabe. La validación de este reclamo está en los manuscritos que tenemos.

Con todas esas copias disponibles y con la cercanía a la fecha aproximada de autoría, la conclusión más segura es: *incluso si hubiera unos cambios aquí o allí dentro de los varios manuscritos —ya sea que se trate de errores o cambios intencionales—, la fraseología original todavía está presente dentro del cuerpo total del material.*

Sería como hacer 50 fotocopias de estas dos páginas que estás leyendo en este momento para dárselas a 50 personas diferentes, junto con un marcador y estas instrucciones: *Marca una palabra de cada página —cualquier palabra— y dame la fotocopia de vuelta.* Cuando compares las 50 páginas, ¿cuáles son las posibilidades de que las 50 personas hayan marcado la misma palabra? Casi ninguna, ¿cierto? La hipótesis más lógica sería que cada palabra subrayada en esas dos páginas se detectaría al comparar unos con otros esos 50 papeles arrugados.

Así es como podemos llegar al original —aunque haya potenciales errores en *todos* los manuscritos de manera individual—. Y esto es porque mientras accedas a más manuscritos, mayor será la confianza en poder localizar la fraseología original. De otra manera, sería como el viejo chiste que dice que había dos relojes, tú no sabes *con seguridad* qué hora es. Las posibilidades para que ambos estén en el mismo minuto y segundo son muy bajas. Pero si tienes 100 o 1000 relojes —5800 relojes— podrías estar bastante cerca o quizás en la hora exacta.

Esta es la clase de trabajo que realiza un campo de estudio e investigación completo que ya hemos identificado como *Crítica Textual*.[11] (Esta es, de paso, la ocupación original de Ehrman; él es un crítico textual). Mantén tu radar atento a este término porque es uno de los que más escucharás en tus cursos sobre Biblia y religión, así como en documentales en la televisión o en artículos de revistas. El trabajo real de un crítico textual es analizar esta inusual riqueza de información antigua y, comparando unos con otros los materiales disponibles, tratar de determinar lo que los documentos originales de las Escrituras probablemente decían.

Como resultado, con todos esos manuscritos para trabajar, lo que tenemos no es una pérdida del original, sino una delgada capa de inconsistencias —diferencias de palabras, ortografía o en la estructura de la oración—, lo que los estudiosos denominan como *variantes*. En otras palabras, tenemos *demasiado* texto, *no poco*, para poder entresacar lo auténtico de lo falso. Podríamos aun decir que en vez de tener menos del *100%* del texto bíblico, lo que tenemos es más del *105%*. No hemos perdido completamente la porción original; por el contrario, es más razonable concluir que tenemos el original y un poco más. Solo basta desempolvar y barrer un poco para limpiar los residuos y volver a tenerlo como era.

Ellos dicen que, como no tenemos los manuscritos originales, no podemos saber lo que los manuscritos originales decían. Suena sensato cuando lo dicen, pero no cuando de verdad pensamos en ello; especialmente a la luz de la gran cantidad de copias con las que contamos.

De montañas y montículos

Por favor, está seguro de que no nos oirás decir que todas las variantes (diferencias) a lo largo de los manuscritos son fabricadas por los críticos de la Biblia y que no son importantes para los estudiantes bíblicos. Las variantes existen y merecen nuestra preocupación. Determinar lo que los escritos originales realmente dicen es un ejercicio importante y que no requiere de justificación. Los que desempeñan esta tarea son dignos de aplauso.

Pero se equivocan al dar la impresión de que, dependiendo de qué lectura se escoja como auténtica, estamos viendo grandes cambios en lo que la Biblia dice acerca de quién es Jesús, lo que dijo o cómo finalmente fuimos instruidos a vivir y creer. Aun si decidiéramos estar parcialmente de acuerdo con los escépticos en sus acostumbradas representaciones de las Escrituras, los resultados todavía no llevarían a la Biblia a perder consistencia consigo misma. Sigue leyendo y verás que es cierto lo que decimos.

Así es como, por ejemplo, Ehrman introduce lo que considera la variante discutida más significativa, afirmando con insistencia que «el verdadero significado del texto está en juego, dependiendo de cómo uno resuelve un problema textual»:

¿Fue Jesús un hombre airado [Mar. 1:41]?
¿Estuvo completamente perturbado al enfrentar
la muerte? [Heb. 2:8-9]? ¿Le dijo a sus discípulos
que podían beber veneno sin recibir daño [Mar.
16:9-20]? ¿Salvó a una adúltera del apedrea-
miento sin nada más que una tímida advertencia
[Juan 7:53-8:11]? ¿La doctrina de la Trinidad
fue enseñada de manera explícita en el Nuevo
Testamento [1 Juan 5:7-8]? ¿Es Jesús llamado
«el único Dios» allí [Juan 1:18]? ¿El Nuevo
Testamento indica que aun el Hijo de Dios no
sabe cuándo vendrá el fin [Mat. 24:36]? Las
preguntas siguen y siguen. Todas ellas están rela-
cionadas con cómo uno resuelve las dificultades
en la tradición manuscrita tal como nos ha sido
dejada.[12]

Pero aun si el significado de algunas pequeñas frases aisladas
está en duda, las mismas son como insectos en la parrilla delantera
de tu coche. Los puedes ver, sabes que causan una pequeña suciedad,
que podrías lavarlos, pero no pueden hacerte reducir la velocidad *en
lo absoluto*; así como tampoco los denominados problemas «mayores» pueden cambiar la aceleración del avance del tren de la teología
bíblica ni siquiera en un milímetro.

Entonces, ¿qué es lo que está en juego en estas diferentes lecturas? Juguemos a ser un crítico textual por un rato.

Veamos por un momento estas siete «grandes» menciones de
Ehrman vistas en la cita anterior. Empezaremos con los ejemplos
donde estamos de acuerdo con Ehrman.

Variantes 1, 2 y 3—Marcos 16:9-20; Juan 7:53-8:11; 1 Juan 5:7-8

Casi todos los estudiosos de todo el espectro están en completo acuerdo en estos tres casos. ¡No hay desacuerdo alguno! Revisa tu propia Biblia y seguramente verás que esos pasajes de Marcos y Juan están entre paréntesis y con una nota en algún lugar que dice que esos textos no se encuentran en los manuscritos más antiguos y que no parecen originales. En el caso de Primera de Juan, la variante que añade una explicación resumida de la Trinidad —«Porque tres son los que dan testimonio en el cielo: el Padre, el Verbo y el Espíritu Santo, y estos tres son uno»— probablemente ni siquiera aparece en tu Biblia. Si está en algún lugar, quizás esté la nota al pie diciendo que no aparece en los manuscritos más antiguos, que no es original.

Eliminemos entonces estos tres de entre los siete. Casi nadie acepta esos versículos como auténticos de los Evangelios o las Epístolas. Así que alegar que son una evidencia de corrupción en las versiones modernas de la Biblia es más conversar con uno mismo y no con la mayoría de los estudiosos cristianos. Lo que tenemos, por el contrario, son buenos y sanos ejemplos de lo que hemos estado diciendo: cómo la abundancia de manuscritos nos ayuda a llegar a la fraseología original de la Biblia. Una vez más, para cualquier estudioso serio, citar uno de estos ejemplos o los tres como evidencia para afirmar que el texto sobre el cual se basan nuestras Biblias es corrupto, es francamente ingenuo. Ehrman debería saberlo. De hecho, él lo sabe.

Sin embargo, dado el acuerdo que hay en esos tres ejemplos, hay que considerar una pregunta importante. A la luz de esos textos no originales, ¿qué es lo que perdemos de lo que la Biblia enseña, en términos generales? La respuesta es: ¡nada! Lo único que cambia es el número de textos en la Biblia que enseñan una misma cosa. La Biblia todavía sigue enseñando que Jesús se levantó de entre los muertos, que enfatizó la gracia del perdón y que Dios incluye al Padre, al Hijo y al Espíritu Santo.

Variante 4—Marcos 1:41

Este texto describe a Jesús sanando a un leproso. Y es muy probable que tu Biblia diga que lo hizo porque fue «movido a compasión [...]». Unos pocos manuscritos, sin embargo, indican que fue motivado por algo más —ira—. No hay duda de que es diferente de la compasión. ¿Qué fue entonces, ira o compasión? ¿Tenemos en nuestras manos el gran problema que Ehrman alega? Ni de cerca. Considera que si aun la «ira» fuera correcta, no sería el único caso donde Jesús la demostró (como cuando limpió el templo o reprendió a los fariseos). Además, de ninguna manera la Biblia afirma que toda ira es algo malo. De hecho, el Salmo 4:4, el cual es invocado y repetido por Pablo en Efesios 4:26, dice: «Airaos, pero no pequéis [...]». Así que no importa cuál es la lectura adoptada en Marcos 1, la vida infalible de Jesús no está en peligro. ¿Puede Jesús estar airado y seguir siendo Dios? Por supuesto que sí. Y ya sea que Marcos 1 dijera que estaba airado, otros lugares dicen también que se airó con otros temas, en otras oportunidades. Si nos preguntáramos por qué Jesús se airó aquí, sería por la condición humana caída en una creación dañada que lleva a la lepra y a la necesidad de sanidad. ¡Podría ser una ira que tiene un elemento de compasión dentro! Entonces, ¿cuál es el gran problema?

Variante 5—Hebreos 2:8-9

En algunos manuscritos estos versículos describen a Jesús muriendo «separado de Dios», en vez de lo que tu traducción de la Biblia seguramente dice: «por la gracia de Dios». Es verdad, la segunda versión no suena tan perturbadora como la primera. Pero el que la muerte de Jesús fuera tan agónica para Él en un nivel humano, es consistente con otras enseñanzas de las Escrituras. Como lo dijo Dan Wallace: «Si esta es la visión de Jesús a lo largo de Hebreos, ¿cómo es que la variante que Ehrman adopta en 2:9 cambia esa imagen?». [13] Pues no lo hace. Cuando desde la cruz Jesús cita el Salmo 22:1, acerca del Dios que lo abandona, Jesús estaba enfatizando el mismo punto. El único problema aquí es cuántos pasajes diferentes enfatizan el mismo punto.

Variante 6—Juan 1:18

Este versículo se refiere a Jesús como «el unigénito Hijo» (RVR1960), pero una variante significativa cambia la palabra «hijo» por «Dios» (como en la versión LBLA que dice «el unigénito Dios»). Sea cual fuere la versión, sin embargo, todavía encaja de manera consistente dentro del mensaje de Juan y dentro del resto del Nuevo Testamento. Juan abre y cierra su Evangelio con el testimonio de Jesús siendo *Dios* (Juan 1:1; 20:28). Y de manera similar, el tan conocido texto de Juan 3:16 es uno de los grandes ejemplos en donde se documenta la identidad de Jesús como el único *Hijo* de Dios. Así que, una vez más, no existe un problema teológico aquí entre «el unigénito Hijo» y «el unigénito Dios».[14] El testimonio de Juan de la deidad de Jesús no depende de esta única variante. Esto está asegurado sin importar cómo sea leído el pasaje.

Variante 7—Mateo 24:36

Este versículo registra a Jesús diciéndoles a Sus discípulos que no conoce «el día y la hora» cuando el fin ocurrirá —una afirmación también registrada en Marcos 13:32—. Si alguien quiere desaprobar a Jesús por decir esto, o si no ven por qué debió haber estado desprevenido con respecto a cuándo retornaría, mientras estuvo ministrando en la tierra, sería un tema de debate para otro momento. Pero esto no tiene nada que ver con reconocer si esas palabras forman parte del original. Afirmar que variantes como esta demuestran que esas copias de la Biblia están llenas de errores va demasiado lejos. Sabemos cuáles son las opciones y que el original está de alguna manera en la elección. Entonces, ¿qué es lo que realmente hemos perdido?

No mucho, si es que realmente perdimos algo. De manera simple discutimos cuál fue y es el sentido original, siendo conscientes de que la otra versión podría ser tal. También somos conscientes de que si ese pasaje específico no enseña esa idea, es probable que se muestre en algún otro lugar de las Escrituras.

Qué ojos tan grandes tienes

Bart Ehrman establece entre 200 000 y 400 000 el número de variantes activas y cuestionables en el Nuevo Testamento —lo cual, otra vez, sirve como un muy buen texto publicitario—. *¡Solo mira todas las incógnitas y todo lo desconocido en tu Biblia!*

Pero lo que decolora estas estadísticas confrontadoras, es la simple matemática de lo que pasa cuando se dispone de 5800 manuscritos para hacer la comparación, en contraste con solo dos o tres. Es la

misma razón por la que Cy Young —quien siempre tendrá el récord
de todos los tiempos por victorias en su carrera como lanzador de
Beisbol de las Ligas Mayores (511)— también tiene el récord por
algo más: *derrotas* en su carrera. ¿Sabes por qué? Por otro récord en
beisbol que le pertenece: Young lanzó un millar de entradas más que
cualquier otro jugador en la historia del beisbol.

Mientras más escritos tenemos, más variantes encontramos.

Mark Roberts, autor y académico, provee una ilustración
matemática:

> Este libro [refiriéndose a aquel que está citando]
> tiene alrededor de 50 000 palabras. Suponga que
> yo le pida a dos personas que hagan copias de este
> libro a mano. Suponga, además, que ellos cometen
> un error cada 1000 palabras (99.9% de precisión).
> Cuando ellos terminen, cada uno de esos manus-
> critos tendrá 50 errores, para un total de 100. Esto
> no suena del todo mal, ¿cierto? Pero suponga que
> le pido a 2000 personas que hagan copias de mi
> libro. Y suponga que ellos cometen un error cada
> 1000 palabras. Cuando terminen, el total de erro-
> res serían 100 000. Esto suena como un montón
> de variantes —muchas más que las palabras de
> mi libro, diría Ehrman—. Pero lo cierto es que
> el número alto de variantes es el resultado de un
> gran número de manuscritos.[15]

Disponer de muchos manuscritos de literatura antigua es muy
positivo. *Nunca* será negativo. Cualquier historiador serio estará de

acuerdo en esto. Solo un excesivo escepticismo puede convertir un beneficio en un problema. Esa movida no es necesaria ni razonable.

Además, la inmensa mayoría de las variantes —y nos referimos a casi todas, exceptuando un número muy, *muy* pequeño— son extremadamente pequeñas, y en su mayor parte son muy fáciles de reconocer y descartar. Se trata de cosas tan simples como errores de ortografía, errores en el orden de las palabras, lecturas sin sentido que son, sin lugar a dudas, el resultado de ojos cansados o falta de concentración. Ehrman mismo dice: «Sin lugar a dudas, de todos los cientos de miles de cambios textuales encontrados entre los manuscritos, muchos de ellos son completamente insignificantes, inmateriales y sin ninguna otra importancia que el mostrar que los escribas no pudieron deletrear bien ni estar mejor enfocados que nosotros mismos».[16]

Ahí está.

Pero si la mayoría de todas esas variantes son insignificantes como él dice —y así lo son— entonces, ¿por qué dar la impresión de que hay un gran problema?

Las mejores prácticas de negocios

¿Puedes entenderlo ahora? No hay duda de que el tremendo ruido que viene del campo escéptico distorsiona la visión general de este tema. El próximo desafío que algunos proponen tiene que ver con todo el modelo de negocio que dio lugar al comercio de copias de manuscritos.

Algunas personas quisieran hacerte creer que la antigua comunidad de escribas cristianos era algo así como el salvaje Oeste de las películas —sin infraestructura, sin normas, sin organización—, todo hecho por voluntad propia y sin mayores preocupaciones. Seguramente te dirán que los escribas que copiaron los textos eran amateurs, poco confiables, algunos incluso analfabetos. Personas que iban creando las reglas sobre la marcha. Dicen ellos que por esas razones no debemos sorprendernos de que estén llenos de errores.

Respondamos a esa afirmación con algunos términos que dan evidencia de lo contrario —tomaremos las letras M, N y C y tres números: (1) *Escribas Multifuncionales*, (2) *Nomina Sacra*, (3) *Codex*—.

Prueba 1—Escribas multifuncionales

El estilo de escritura que se encuentra en los manuscritos más antiguos del cristianismo indica que esos documentos no fueron el trabajo de escribas literarios con una sola habilidad, cuya tarea primaria era copiar libros para la venta. Por el contrario, parecen haber sido creados por profesionales que fueron empleados por individuos, por sus capacidades en muchas áreas como copiar cartas, tomar dictados, generar documentos administrativos y reproducir piezas literarias formales.[17] Esos *Escribas multifuncionales* eran comunes durante el primer siglo —como Tercio, por ejemplo, mencionado por nombre como la persona que tomó el dictado de la carta de Pablo a los Romanos (véase Rom. 16:22)—. Aún más, «no hay razón para pensar que los libros producidos para comercio eran de una mejor calidad que las copias producidas para privados», escribe Harry Gamble en un estudio sobre los textos cristianos antiguos. «Peor aún, quejas frecuentes sugieren que eran peores».[18]

Prueba 2—Nomina Sacra

En respuesta a la idea de que los escribas individuales añadían por rutina sus propios estilos y preferencias de formato, te presentamos la práctica convencional conocida como *Nomina Sacra* —un código de abreviaturas estándar para palabras especiales como *Jesús, Cristo, Señor y Dios*. Podrías pensar que esto es solo una forma primitiva de taquigrafía, el intento de ahorrar tinta y espacio—. Pero el lenguaje griego contiene muchas palabras comunes que son más largas que esas, palabras que por sentido común hubiera sido igual o mejor acortar. Las palabras que se escogieron para ese tratamiento, sin embargo, fueron aquellas que tenían un significado divino, aquellas que nos muestran que los escribas las trataban de esa manera para expresar su reverencia y devoción. Pero si este aun no fuera el caso, (1) esas abreviaturas aparecen de manera consistente en los manuscritos antiguos, (2) fueron de uso exclusivo de los cristianos, (3) se observan de manera amplia en diferentes regiones y lenguajes. Entonces la evidencia sugiere que los escribas antiguos no eran todos voluntariosos independientes, sino que tenían un «grado de organización, de planeamiento consciente y de práctica uniforme».[19]

Prueba 3—Codex

Durante los primeros siglos después de Cristo, el vehículo primario para la lectura y la correspondencia era el rollo, el cual se desenrollaba para ser leído y luego se enrollaba nuevamente para ser guardado. Pero para coleccionar las Escrituras los cristianos preferían el *Codex* —un conjunto de papiro o pergamino que se parece más a nuestros libros actuales—. Mientras que la cultura en general no se inclinó hacia el *Codex* hasta algún momento del siglo IV (algo similar a nuestra migración del CD al MP3), este formato ya era una práctica común entre los cristianos para fines del *siglo II*. La razón más probable es porque el *Codex* podía contener más de un libro unidos, que es justamente lo que era y es la Biblia. Esto indica una mentalidad de que se entendía que esos libros debían permanecer juntos y eran considerados con mucho respeto. Pero también es evidente que revelan «una cultura de escribas cristianos la cual estaba completamente unificada, organizada y que era capaz de forjar un nuevo sendero literario al emplear una tecnología revolucionaria en la producción de libros que, con el tiempo, dominaría por completo a todo el mundo greco-romano».[20] Esa es la razón por la que los cristianos, de manera *uniforme*, usaron el *Codex* en vez del rollo —aquí no hay diversidad alguna—.

En pocas palabras, aunque sin duda seguimos teniendo lagunas en nuestra comprensión del antiguo proceso de copiado, lo mismo que para otros temas de la historia antigua, esas personas que estuvieron involucradas en la transmisión de los textos cristianos no se parecen a una banda de solitarios sin ley, sino más bien a una colonia en desarrollo con directrices, normas y prácticas organizadas —y por lo tanto, no eran un caldo de cultivo para un trabajo descuidado y menos de errores negligentes de escritura—.

El poder de las palabras

Sin importar lo que digamos, el resultado de este escándalo de corrupción de los manuscritos —aunque exagerado— de acuerdo a Bart Ehrman se reduce a esto: «¿Cómo nos ayuda esto a decir que la Biblia es la inerrante Palabra de Dios si es evidente que no tenemos las palabras que Dios inspiró de manera inerrante, sino solo las palabras copiadas por los escribas —algunas veces correctas, pero algunas veces (¡muchas veces!) incorrectas—?[21] [...] Si Dios realmente deseaba que la gente tuviera sus palabras verdaderas, de seguro habría podido preservar esas palabras de forma milagrosa, tal como al principio las había inspirado milagrosamente. Dado que Él no preservó las palabras, la conclusión debe ser que nunca se tomó la molestia de inspirarlas».[22]

¡Qué afirmación! Si la tomas al pie de la letra mientras la estás escribiendo furiosamente en tus notas de la presentación, podría sonar como palabras finales. Te las tomas a pecho y sigues adelante. Él está en lo correcto. ¿Qué más puedo hacer? ¿Quién puede argumentar en contra de esto?

Pero como hemos venido diciendo, no es tan firme como parece.

Con la excepción de los primeros escribas que trabajaron directamente de los autógrafos, ninguno de los otros, a lo largo de la historia, tuvo físicamente en sus manos las palabras reales y *materiales* de Pablo, Juan o Pedro. Tampoco nosotros. Pero es obvio que las palabras poseen también una calidad *inmaterial*. Son más grandes que la imprenta y la tinta o aun que el papiro y el pergamino.

Las palabras que escribimos en este momento, por ejemplo, fueron compuestas primero en nuestras mentes, luego tipeadas con un teclado para que tomen forma en una pantalla, fueron grabadas como data electrónica, luego enviadas de modo inalámbrico a la casa publicadora y finalmente impresas en este libro (junto con, eso esperamos, ¡cientos y miles de otras copias!). Y a pesar de todo eso, *todavía* esas palabras no han terminado su trabajo. Ellas te están transmitiendo información a ti y a otros lectores, justo en este momento. Los lectores podrían estar repitiendo esas mismas palabras en este momento a sus padres o podrían citarlas en un ensayo o recordarlas luego para cuando su fe se vea desafiada.

Las palabras están vivas. Se mantienen en acción.

Como lo dijo el autor y conferencista Peter Williams: «Las palabras no pierden inspiración al ser copiadas».[23] Si al trabajar con un amplio grupo de manuscritos sobrevivientes, podemos deducir de manera razonable que lo que estamos mirando en nuestras Biblias son réplicas genuinas y traducciones de fuentes originales, entonces, ¿por qué se consideran esas palabras como de segunda clase y sospechosas, solo porque Dios no mantuvo las primeras —los primeros pergaminos— bajo vidrio en un anaquel de un museo?

Es evidente que la afirmación de Ehrman citada arriba, con respecto a la inspiración de la Biblia (o su carencia), está basada en un falaz malentendido de la doctrina de la inspiración. Los cristianos creen que las *palabras* escritas en los autógrafos originales fueron inspiradas, no la *cosa material* (la pieza específica de papiro o pergamino). Por lo tanto, no necesitamos el *manuscrito* original para poder tener las *palabras* originales.

Tenemos que decirlo una vez más. Un crítico textual puede probar con seguridad el hecho de que algunos manuscritos particulares han sido alterados en diferentes lugares. Cualquier académico digno de ser llamado así estaría de acuerdo en esto. Pero de ninguna manera podrían demostrar cómo, entre miles de manuscritos que podemos estudiar, investigar y acceder a través de nuestro software bíblico, las palabras originales de la Escritura han desaparecido por completo. Sí, ¡desaparecido!

Todos esos argumentos con respecto a la corrupción, cuando los analizas hasta sus propias raíces, son asuntos de «perder soga y cabra». Por un lado, la gente que sostiene esta teoría insiste en que nadie puede conocer con certeza lo que de verdad contenían los autógrafos iniciales. Ellos te dicen: *Muéstrame uno, y hablaremos*. Pero, al mismo tiempo, ellos argumentan con absoluta confianza cómo esas numerosas variantes —esta, y esta y esta otra— no podían estar en el texto original. Bueno, ¿cómo pueden saber si algo es verdad o no lo es, si no tienen la menor idea de lo que decía el original? ¿Cómo se puede saber si un reloj no es un Rolex a menos que conozcamos lo que es un Rolex —y creer, claro, que los relojes Rolex existen—?

Hablando de inconsistencias.

Ehrman, por ejemplo, escribió un libro titulado *Did Jesus Exist?* [¿Jesús existió?] en el cual defiende muy claramente la existencia histórica de Jesús, a pesar de presentarlo como un idealista confundido, una figura trágica que perdió una apuesta arriesgada con el destino. Lo interesante es que muchos de los argumentos de Ehrman en su libro están basados en las palabras de Jesús en el Nuevo Testamento, dando a entender que él mantiene, al menos, *alguna* confianza en el texto bíblico y en su transmisión segura a través de los años.

Es extraño pensar cómo los escépticos pueden estar tan *seguros* de cosas, tales como los motivos en la mente de un escriba fallecido en el siglo II, acerca de quien ellos no conocen nada más que algo de cómo lucía su letra en el manuscrito. Sin embargo, se mantienen muy seguros de que no hay certeza de que cientos de manuscritos antiguos ofrezcan una evidencia física de lo que dijo el texto bíblico original —manuscritos que ellos pueden revisar en sus computadoras o tabletas esta misma noche—.

Guarda esto en tu disco duro: el escepticismo que algunas personas podrían mantener frente a tu defensa razonable de las Escrituras, a menudo es contrastado por su propia certeza de saber algo que tú no conoces. Después de todo, «razonable» es hasta donde se te debería pedir que lleves tu argumento. Cada vez que estemos lidiando con una historia antigua, tal como la integridad del texto bíblico y su transmisión —cosas que no se pueden investigar mediante entrevistas personales o lectura de fuentes primarias—, la pregunta ante el salón de clases secular no es si podemos tener *absoluta* certeza, sino *suficiente* certeza.

¿Podemos confiar con suficiente razón que tenemos acceso al texto de la Biblia? La respuesta simple y llana a esa pregunta es sí.

Preguntas de discusión

1. ¿Cómo determinan los estudiosos las palabras originales del Nuevo Testamento?
2. ¿Cómo se compara la evidencia manuscrita del Nuevo Testamento con la evidencia de otros libros escritos en el primer siglo?
3. ¿Por qué hay tantas diferencias entre los manuscritos del Nuevo Testamento?
4. ¿Puede alguien probar que no tenemos las palabras originales del Nuevo Testamento? ¿Por qué sí o por qué no?

6

Y el ganador es…

¿Quién decidió qué creen los cristianos?

Hubo muchos grupos cristianos antiguos. Todos afirmaban
estar en lo correcto. Todos tuvieron libros para respaldar
sus afirmaciones, libros que pretendían ser escritos por los
apóstoles y, por lo tanto, representando la visión de Jesús y
sus primeros discípulos. El grupo que ganó no representó
las enseñanzas de Jesús o sus apóstoles […] El grupo
victorioso se llamó a sí mismo ortodoxo. Pero esta no era la
forma original de cristianismo y ganó su victoria luego de
muchas encarnizadas batallas.
—BART EHRMAN[1]

En el principio era la Diversidad. Y la Diversidad estaba
con Dios y la Diversidad era Dios. Sin Diversidad
nada de lo que había sido hecho fue hecho. Y entonces
entraron esos viejos repugnantes «ortodoxos» a angostar
la Diversidad hasta suprimirla, descartándola como
herejía. Pero en la plenitud del tiempo (que por supuesto,
es nuestro tiempo), la Diversidad se levantó e hirió a
ortodoxia en la cadera y el muslo. Gracias a Dios, hoy la

> *única herejía es la ortodoxia. Sin importar cuan amplia e*
> *inconcebiblemente es aceptada esta reconstrucción, es una*
> *tontería histórica: como en el conocido cuento, el emperador*
> *está sin ropas aunque no lo reconozca.*
> —D.A. Carson[2]

Jesús vino.
   Jesús vivió.
Jesús murió.
Jesús vive otra vez.
Este es el corazón del mensaje del cristianismo.

Pero, ¿es esto lo que los cristianos siempre creyeron —desde el inicio—? Las cosas que tú experimentas desde el banco donde te sientas en el servicio del domingo por la mañana, las cosas que oyes que se enseñan y se proclaman desde la plataforma, las cosas en las que has llegado a creer acerca de Dios por tus pastores y las Escrituras—¿cómo podemos saber que esa fe cristiana es real y auténtica?—.

Tú sabes que tus padres crecieron oyéndolas. Quizás tus abuelos también. Pero más allá de ellos, antes de nuestro tiempo —tan lejos como el tiempo en que la gente empezó a reunirse para adorar—, ¿era eso lo que se les enseñaba a los cristianos? ¿Es esto lo que la iglesia debía ser? ¿Esto es lo que *siempre* creyó el pueblo de Dios?

¿O no?

Seguramente oirás en la televisión o leerás en un libro que las raíces del cristianismo histórico (estamos hablando de los primeros cuatro siglos) fueron básicamente una maraña de sistemas de creencias en competencia. Nadie realmente sabía qué era el cristianismo y lo que defendía. Bart Ehrman dice que no había tal *cosa* como el cristianismo —en singular— durante los primeros siglos de nuestra era.

Solo había *cristianismos*, en plural. No había un sistema de creencias uniforme, coherente, ampliamente aceptado, sino solo una variedad de puntos de vista, ninguno de los cuales podía afirmar legítimamente que representaba al verdadero y auténtico cristianismo. No fue sino hasta las reorganizaciones políticas radicales de los últimos siglos, dice Ehrman, que las verdades centrales de lo que llamaríamos luego cristianismo saldrían a la superficie como una fuerza dominante, el macho alfa entre todos los demás.

Al oírlos hablar parece que se tratara del Campeonato Mundial de Fútbol, en donde todos los equipos compiten unos contra otros por la victoria, hasta que uno de ellos se afirma solo en un «momento de gloria», celebrando los frutos de la victoria. *¡Ganamos! ¡Somos los Campeones Mundiales!*

Y por eso les decimos adiós a todos los dulces y arrulladores cantos de la diversidad cristiana. No más el gran disfrute de mi sabor cristiano preferido, haciendo lo que más me gusta bajo el privilegio de una completa aceptación. No más pluralidad de creencias cristianas. El Gran Hermano gana. Así como ganan los grandes negocios, las grandes petroleras...

Por lo tanto, dicen los escépticos, la razón por la que el cristianismo luce de la manera en que lo hace, la razón por la que la Biblia enseña lo que enseña y por la que nos sentamos en nuestras iglesias el domingo y llamamos a nuestro conjunto particular de creencias «fe cristiana» es solo porque *ese es el lado que ganó.* Aunque con toda facilidad podría haber ido en cualquier otra dirección.

El cristianismo de hoy (el término para esto es *ortodoxia*) fue cocinado en las salas de sesiones de intelectuales de mano dura en los siglos posteriores, no solo a través del Hijo del Hombre, la cruz, una tumba vacía y Sus discípulos comisionados en persona. Los forjadores reales de la ortodoxia llegaron en los siglos III y IV, nos dicen ellos, aprovechando la oportunidad para dominar cuando se presentaban a sí mismos, reescribiendo la historia para hacerla aparecer como si la suya (la nuestra) fuera la única forma legítima del sistema cristiano que haya existido.[3]

Matones, estrategas, negociadores que iban dejando atrás a sus competidores y barrían todo rastro de diversidad bajo la alfombra. ¡Será a nuestra manera o de ninguna manera!

Así es como se forja el cristianismo.

En otras palabras, los escépticos lo ven como una teoría conspirativa, una historia sensacionalista y de mucha intriga. Ellos saben que cuando están enseñando en el salón de clases de la universidad, ¿a quién no le gustaría pensar que todo lo que sabemos del cristianismo se lo debemos a unos oscuros obispos y políticos que trabajaron tras bambalinas?

Pero se enfrentan a un grave problema cuando intentan divorciar al cristianismo de su inmediata conexión con la vida de Cristo y Sus enseñanzas, así como de los apóstoles y los líderes de la iglesia primitiva quienes lo vivieron y, en muchos de los casos, murieron por esa fe con la que pastorearon a sus generaciones. Esos puntos de vista cínicos no se pueden mantener contra la evidencia. Al igual que el último capítulo sobre transmisión bíblica, los escépticos lo consideran un tema caliente que alimenta la rebelión actual contra la autoridad y los absolutos. Sin embargo, en muchos aspectos le debe más a su propio compromiso ideológico con la *diversidad* que a una *investigación* responsable y verificable. Ellos afirman que la Biblia se compuso en siglos posteriores, se declaró a sí misma como el correcto cristianismo y dijo que todos los demás estaban equivocados —cuando lo único que todos querían solo era llevarse bien—.

El capítulo que estás por leer retrocede en la historia para mostrarte que ese no es el caso. También queremos poner en claro lo que las tradiciones de *tu iglesia* y de la *iglesia primitiva* tuvieron en común, mostrándote por qué la fe cristiana *siempre* ha sido la fe cristiana.

Matón de púlpito

Muchas de las opiniones escépticas con respecto a los orígenes de la creencia cristiana parten del trabajo de Walter Bauer, un estudioso de principios del siglo XX, cuyo libro *Orthodoxy and Heresy in Earliest Christianity* [Ortodoxia y herejía en el cristianismo más temprano] (publicado en 1934) cristalizó el punto de vista de que el cristianismo fue, en esencia, una toma de poder. Bauer argumentó que la herejía (vista como cualquier enseñanza que se desvía de las normas estándar —en este caso, enseñanzas que están en desacuerdo con la ortodoxia moderna—) era la *forma original* del cristianismo en algunas regiones del mundo y que tenía, al menos, una minoría establecida casi en todos los lugares. Pero para finales del siglo II, el tamaño de la iglesia de Roma y su apetito de control, aplastaron los puntos de vista competitivos y los llevaron fuera del escenario religioso, para luego proceder a borrar toda evidencia de esas visiones de cualquier registro durante los próximos tres o cuatro siglos, cementando su propio control sobre la cristiandad.

Bart Ehrman ha llamado al texto de Bauer como el «más importante libro acerca de la historia del cristianismo antiguo en el siglo XX» y clasifica sus afirmaciones como «incisivas» y «autoritativas, hechas por la persona que tiene maestría sobre toda la literatura cristiana antigua que ha sobrevivido al tiempo».[4]

Es obvio que ese libro fue de gran influencia en la formación de los propios puntos de vista de Ehrman.

Es probable que un libro cuyo título ya muestra que está tratando con «el cristianismo más temprano» debería enfocarse en la evidencia más antigua de que dispone la historia, ¿no te parece? Nos estamos refiriendo a los documentos mismos del Nuevo Testamento del siglo I. Pero, en vez de eso, Bauer basa sus descubrimientos casi exclusivamente en documentos fechados a partir del siglo II en adelante, y los usa para especular hacia el pasado, volviendo al siglo I. Finalmente, Bauer convierte sus conjeturas retroactivas en hechos «autoritativos».[5]

Así que, mientras su libro fue señalado por algunos investigadores como una «fantasía constructiva» y «una ficción trabajada con elegancia»[6], todavía sigue siendo fundacional dentro del punto de vista escéptico. ¿Quién puede sorprenderse por esto? Los escépticos a menudo aceptan argumentos que retratan al cristianismo como confuso, hecho por hombres e inventado. A ellos les pertenece el argumento que sostiene que las venas de la fe cristiana no fluyen directamente de los descendientes de Jesús. La disputa es importante porque si el cristianismo original era diverso, nadie entonces tiene el derecho de reclamar su versión del cristianismo como la válida y como la verdad. Esta clase de reclamo por la diversidad es atractivo porque socava la afirmación de que hay una verdad que importa. Donde hay diversidad, no hay ortodoxia.

Esa es la razón por la que los escépticos ejercen presión para que tú compres la idea de una historia temprana de diversidad.

Pero no deberían poder llevarte con ellos por buenas razones históricas.

¿Tú y cuántos más?

Nadie pone en duda que el cristianismo estuvo lleno de controversias en sus días tempranos (y aún hoy, por lo mismo). Los incendios teológicos no son nada nuevo. Solo necesitamos darles una mirada a las cartas de Pablo a los Gálatas y a los Colosenses, o a sus epístolas pastorales a Timoteo y a Tito, así como Segunda de Pedro, Primera de Juan y Judas para descubrir que, en su gran mayoría, fueron escritos para combatir herejías (véase Gál. 1:6; Col. 2:11-21; 1 Tim. 1:3; Tito 1:5).

Pero muchos de esos puntos álgidos que los apóstoles estaban discutiendo en el siglo I —disputas tales como si la circuncisión era obligatoria para los creyentes gentiles— no afectan a los debates centrales de la ortodoxia que posteriormente se levantarían.[7] Cuando oyes hablar acerca de brotes de sectas cristianas que se desarrollaron en los días antiguos —tales como los gnósticos, los docetistas y los marcionistas—, no existe registro histórico que indique que estos grupos existieron antes del siglo II. ¡No se puede![8] No tenemos evidencia que apoye el argumento de que toda esta diversidad significativa existía desde el pitazo inicial del partido.

¿Siglo II? ¿Siglo III? ¿Siglo IV? Aún entonces, la evidencia muestra la ortodoxia como penetrante y estable a través del tiempo[9] y muy consistente a través de los continentes. Pero si por el bien del argumento concediéramos que una presencia igualitaria de facciones cristianas fue amplia y floreciente durante los últimos siglos —que casi podríamos comparar con nuestra elección actual entre metodistas, bautistas y presbiterianos—, nada más que una pura conjetura podría ponerlos a ellos al inicio o cerca de la iglesia primitiva. Y nada más que un pensamiento ilusorio podría retratarlos como fuertes alternativas a la fe y creencias auténticas.[10]

¡Nada más!

Tomemos, por ejemplo, el gnosticismo; sin duda, la amenaza más grande para el cristianismo. Hablamos de ellos en el capítulo tres cuando discutíamos el canon bíblico y sus varios escritos, como el Evangelio de Felipe y el Evangelio de María. Si alguna herejía debía ser vigilada con cuidado, era esta.

El *gnosticismo* solo puede interpretarse como una amplia etiqueta que cubre una gran variedad de grupos con puntos de vista muy divergentes. Como regla general, los gnósticos sospechaban mucho de todo aquello que era físico, incluyendo la humanidad de Jesús. También sostenían que existía un conocimiento secreto místico que terminaba apartando a unos de otros. Aun dentro del campamento gnóstico, llegar a un acuerdo era algo muy difícil de lograr. Nunca pudieron desarrollar una organización o mantenerse unidos. No tuvieron una iglesia y menos un grupo de iglesias. No pudieron armar ni una liga de fútbol para la iglesia. Y sus escritos nunca fueron *siquiera* considerados para incluirlos en el canon del Nuevo Testamento, ya que basta con saber que su teología negaba la legitimidad del Antiguo Testamento. Esto, claramente, no es negociable.

El cristianismo auténtico, por otro lado, estaba ya plantando iglesias florecientes a mediados del siglo I.[11] Mientras esas iglesias crecían y se desarrollaban, cada vez más se veían a sí mismas como parte de una red unificada (que un escritor ha denominado como el «Internet santo»[12]), completa, con estructuras de liderazgo e interacción cooperativa.

Y también con creencias centrales. Como se ha visto en los documentos del Nuevo Testamento, los cuales fueron escritos a mediados del siglo I, la iglesia ya estaba resaltando la importancia de mantenerse firme en la verdadera doctrina y de rechazar cualquier enseñanza falsa. ¡Todo esto en términos muy certeros! Es difícil, por ejemplo, leer las cartas de Pablo y no ver un cuerpo claro de creencias ortodoxas que estaban listas y en acción desde el principio.

Para el siglo II, esta «regla de fe» había sido transferida con éxito desde el ministerio de los apóstoles hasta aquellos líderes emergentes de la siguiente generación —*los padres de la iglesia*, tal como los llamamos (aquellos que fueron los más influyentes luego de la partida de los apóstoles)—. Sus escritos revelan una clara consciencia y afirmación de una fe sostenida en común, un estándar teológico que unificó a un grupo de iglesias posteriores al Nuevo Testamento que provenían de una gran diversidad geográfica.[13] Ellos se veían a sí mismos como «transmitiendo» lo que les había sido confiado por aquellos que sí habían caminado con Cristo.

Y más que eso, los padres de la iglesia entendieron su doctrina como enraizada en las Escrituras judías —el Antiguo Testamento— ligando a la iglesia a la verdadera y antigua fe del pueblo de Dios y los mensajes proféticos que se cumplieron en Cristo y fueron proclamados por los apóstoles. Ellos no estaban *inventando* una regla de fe, ellos eran sus *recipientes*.

Lo suyo era un legado de verdad que se hacía cada vez más fuerte como un viento en popa.

¿Y el gnosticismo era un competidor cercano ?

¿En serio?

Si la batalla por la ortodoxia era tan pareja como algunos afirman, si esas herejías tenían una popularidad legítima y el aguante para sobrevivir y dominar el panorama cristiano, nada los detendría en su camino como para tomar y reclamar el liderazgo. La ortodoxia cristiana temprana no gozaba de una autoridad oficial para suprimir lo que ellos podrían percibir como una enseñanza herética. ¡Todo lo contrario! Sus creencias eran muy impopulares en el resto del mundo, y siempre estaban arriesgándose a ser perseguidos. Lo que sucedía a menudo con consecuencias fatales. Aquellos que pertenecían a la iglesia primitiva no se aferraban a Cristo con la esperanza de alcanzar poder social o político. Lo hacían porque creían que las enseñanzas eran verdaderas. Porque *eran* verdad. *Son* verdad.

No fue hasta mucho más tarde — 313 d.C., con la promulgación del Edicto de Milán por el Emperador Constantino— que los cristianos adquirieron los medios oficiales para tomar acciones contra los grupos heréticos. Y para ese tiempo, el gnosticismo ya había empezado a desaparecer de la escena sin mucho ruido, desintegrándose por sí mismo en el aire difuso en el que estaban ancladas sus creencias, mucho antes de que el cristianismo ortodoxo pudiera hacerle estallar el globo que lo sostenía.

¡Plop!

Pregúntale a cualquiera que haya hecho el intento y te dirán: es difícil hacer despegar una organización, encontrar suficiente gente que crea lo que estás diciendo, que se arriesguen a enganchar su carro a tus planes y potencialidades. Así que cuando le das una mirada al mundo del segundo, tercero y cuarto siglo y ves que la ortodoxia cristiana prospera y que las herejías como el gnosticismo se pulverizan, ¿qué te dice eso? ¿Quién puede ser un parásito de quién? En medio de toda esa aparente (o imaginada) diversidad, ¿quién marcha con vigor hacia adelante y quién se está quedando a los lados del camino?

La batalla por la cara pública del cristianismo no fue un tira y afloja entre pares. Esos oponentes generaron un revuelo suficiente como para preocupar a los escritores ortodoxos durante un tiempo. Pero ellos terminaron desapareciendo, en parte por el apoyo de las fuerzas políticas y sociales que lanzó Constantino, pero también porque ellos carecían de las raíces iniciales y fuertes que tenía la ortodoxia.

Crecer con fuerza desde abajo

Según dicen los críticos del cristianismo, los siglos que median entre la partida de Cristo y el establecimiento oficial de la Biblia fueron solo un gran y pegajoso lío de pensamientos y creencias descongeladas. Así que, naturalmente, a la gente le tomaría algún tiempo darse cuenta de cómo organizar esas ideas en sus mentes.

Eso es lo que ellos quieren que creas.

Pero no es lo que la Escritura dice. Cuando aquí apelamos a la Escritura, no es solo porque la Biblia es la que cita esos textos, sino porque esos son los testigos del siglo I con los que nosotros contamos para que nos digan lo que creían las personas de fe. Esos textos son nuestras únicas ventanas dentro del cristianismo más antiguo, en términos de sus fuentes históricas. Ellos nos llevan tan lejos como es posible ir. Mientras estamos tratando de esbozar y explicar este capítulo, los autores del Nuevo Testamento —cuyo trabajo está verificado por cientos de manuscritos antiguos— revelan un entendimiento acerca de Jesús, Su misión y Su propósito para la iglesia desde el principio.

Les presentamos los siguientes pasajes bíblicos como evidencia. Cualquier escéptico puede decidir de manera personal si cree o no lo que estos versículos dicen. Pero para ellos será bastante difícil negar que esas Escrituras reflejan lo que los cristianos primitivos afirmaban y creían acerca de ellos mismos.

Los Evangelios y Hechos de los Apóstoles

> Respondiendo Simón Pedro, dijo: Tú eres
> el Cristo, el Hijo del Dios viviente. Y Jesús,
> respondiendo, le dijo: Bienaventurado eres,
> Simón, hijo de Jonás, porque esto no te lo reveló
> carne ni sangre, sino mi Padre que está en los
> cielos. Yo también te digo que tú eres Pedro, y
> sobre esta roca edificaré mi iglesia; y las puertas
> del Hades no prevalecerán contra ella. (Mat.
> 16:16-18)

> Y acercándose Jesús, les habló, diciendo: Toda
> autoridad me ha sido dada en el cielo y en la
> tierra. Id, pues, y haced discípulos de todas las
> naciones, bautizándolos en el nombre del Padre
> y del Hijo y del Espíritu Santo, enseñándoles a
> guardar todo lo que os he mandado; y he aquí, yo
> estoy con vosotros todos los días, hasta el fin del
> mundo. (Mat. 28:18-20)

> Y se dedicaban continuamente a las enseñanzas
> de los apóstoles, a la comunión, al partimiento del
> pan y a la oración. (Hec. 2:42)

Pablo

> Me maravillo de que tan pronto hayáis abando-
> nado al que os llamó por la gracia de Cristo, para

seguir un evangelio diferente; que en realidad
no es otro evangelio, solo que hay algunos que
os perturban y quieren pervertir el evangelio de
Cristo. Pero si aun nosotros, o un ángel del cielo,
os anunciara otro evangelio contrario al que os
hemos anunciado, sea anatema. Como hemos
dicho antes, también repito ahora: Si alguno os
anuncia un evangelio contrario al que recibisteis,
sea anatema. (Gál. 1:6-9)

Pues quiero que sepáis, hermanos, que el evangelio que fue anunciado por mí no es según el
hombre. Pues ni lo recibí de hombre, ni me fue
enseñado, sino que lo recibí por medio de una
revelación de Jesucristo. (Gál. 1:11-12)

Así que, hermanos, estad firmes y conservad las
doctrinas que os fueron enseñadas, ya de palabra,
ya por carta nuestra. (2 Tes. 2:15)

Y os ruego, hermanos, que vigiléis a los que causan disensiones y tropiezos contra las enseñanzas
que vosotros aprendisteis, y que os apartéis de
ellos. (Rom. 16:17)

Como te rogué al partir para Macedonia que te
quedaras en Éfeso, para que instruyeras a algunos
que no enseñaran doctrinas extrañas. (1 Tim. 1:3)

> Retén la norma de las sanas palabras que has oído
> de mí, en la fe y el amor en Cristo Jesús. Guarda,
> mediante el Espíritu Santo que habita en noso-
> tros, el tesoro que te ha sido encomendado. (2
> Timoteo 1:13-14)

Judas y Juan

> Amados, por el gran empeño que tenía en escribi-
> ros acerca de nuestra común salvación, he sentido
> la necesidad de escribiros exhortándoos a conten-
> der ardientemente por la fe que de una vez para
> siempre fue entregada a los santos. (Judas 3)

> Amados, no creáis a todo espíritu, sino probad los
> espíritus para ver si son de Dios, porque muchos
> falsos profetas han salido al mundo. En esto cono-
> céis el Espíritu de Dios: todo espíritu que confiesa
> que Jesucristo ha venido en carne, es de Dios. (1
> Juan 4:1-2)

¿Quieres más? Podemos darte más.

Varios compendios doctrinales que aparecen en el Nuevo
Testamento resultaron fundamentales para la iglesia primitiva en
el esclarecimiento de las creencias generales (Rom. 1:2-4; 1 Cor.
8:4-6; 11:23-25; 15:3-6 y muchos otros). Los cristianos de la primera generación eran capaces de usar esos textos como una manera
de comunicar la verdad entre ellos, aun antes de que existiera una

colección útil de Escrituras. Una cantidad de otros pasajes parecen ser himnos, lo cual es una buena manera de ayudar a solidificar las doctrinas centrales (Col. 1:15-20; Fil. 2:6-11: 1 Tim. 3:16).

(Por cierto, ¿sabías que los himnos que entonó la iglesia a través de la historia tenían la intención primaria de enseñar y reforzar la sana doctrina de una forma que fuera fácil de memorizar? Antes de que empezáramos a poner las palabras en grandes pantallas, la iglesia registraba sus canciones en un himnario. Y si volvieras y le dieras una mirada a uno de esos himnarios, verías cómo cada canción a menudo comunicaba una verdad doctrinal completa. ¡Era como tener un recuento del evangelio en una cápsula! Esas canciones no se compusieron para bailar, sino para aprender de ellas. Ese fue el propósito y el método de los himnos durante siglos y de manera particular durante los inicios de la iglesia).

Pero eso no es todo. Los cristianos primitivos también tenían los sacramentos del Bautismo y la Cena del Señor para ayudarlos a testificar una y otra vez, y para repetir los principios de la fe. Sin mencionar el enorme banco de enseñanzas que tenían a su disposición, a través de las Escrituras hebreas que ya eran predominantes en ese tiempo.

Así que te preguntamos: ¿No había estándares en ese tiempo? ¿No tenían conocimiento de lo que creían? ¿Es eso lo que todos dicen?

No importa por dónde lo mires, el Nuevo Testamento nos dibuja un retrato bastante diferente de aquellos que dicen que los cristianos primitivos carecían de puntos de referencia por donde separar la buena enseñanza de la falsa. Mira otra vez algunos de los versículos que te dimos. Presta atención a lo siguiente...

- Los apóstoles conocían que su misión era transmitir el mensaje de Jesús a las siguientes generaciones.

- La iglesia comprendió la importancia de ser fiel a las enseñanzas de los apóstoles.
- El centro del mensaje del evangelio estaba unido a la naturaleza y la obra de Cristo.

Está en todas partes desde el principio y siempre ha tenido autoridad.

Y no hay libertad para cambiarlo. Incluso el apóstol Pablo, de lejos la figura más destacada en los principios del cristianismo, no se consideraba libre para darle siquiera un pellizco al mensaje divino que había recibido. Detente de nuevo en Gálatas 1: «Pero si aun nosotros, o un ángel del cielo, os anunciara otro evangelio contrario al que os hemos anunciado, sea anatema». Si el mismísimo y gran Pablo no tuvo la libertad para manipular el mensaje central con respecto a la muerte, entierro y resurrección salvífica de Jesús, de seguro no la tenía nadie más. Y cualquiera que afirme ser cristiano y no sostenga esas verdades podría esperar ser desafiado por los estándares del evangelio.

Su verdad está avanzando

Los escépticos de la Biblia insisten en imponer una distancia turbia y artificial entre la vida de Jesús y el establecimiento de la fe cristiana. Pero demos un pequeño paseo desde el siglo I hasta el siglo IV para notar las conexiones que se pusieron en marcha desde una estación a la otra. El siguiente ejercicio sirve como un bosquejo aproximado de las relaciones entre la ortodoxia y las formas de herejía discrepantes en los primeros 300 años del cristianismo.[14]

¡Pónganse los cinturones que allá vamos!

Año 33 d.C.

Jesús muere y se levanta de entre los muertos.

No más allá del 35 d.C., Pablo se convierte y adopta la cristología exaltada de la iglesia y sus enseñanzas con respecto a la salvación.

Años 40-60 d.C.

Pablo escribe cartas a varias iglesias.

La ortodoxia se mantiene difundida y generalizada.

Las iglesias se organizan alrededor del mensaje central.

Empiezan a emerger incipientes herejías.

Comienzan a surgir las disputas acerca de cómo los gentiles deben entrar a la iglesia.

Las Escrituras enseñan la teología central.

Circulan en la iglesia los escritos de ortodoxia temprana.

Años 60-90 d.C.

Se escriben los Evangelios y el resto del Nuevo Testamento.

Estos escritos continúan propagando la ortodoxia.

La ortodoxia se mantiene difundida y generalizada.

Las herejías siguen siendo incipientes. Algunos grupos judíos afirman la ley y unos pocos argumentan que Jesús es un poco menos que Dios, en una posición conocida como adopcionismo.

Pedro y Pablo mueren en los años 60.

Años 90-130 d.C.

Los escritores del Nuevo Testamento desaparecen de la escena.

Los padres de la iglesia se manifiestan y cultivan la ortodoxia establecida.

La ortodoxia sigue siendo difundida y generalizada.

Las herejías empiezan a organizarse —un poco—.
El cristianismo gnóstico empieza a manifestarse.

Años 130-200 d.C.
Los padres de la iglesia empiezan a morir.
Nuevos escritores cristianos continúan con su misión.
La ortodoxia todavía es la norma establecida del cristianismo.
Las herejías siguen siendo secundarias, dispersas, desconectadas y desorganizadas.
Aparecen con suficiente presencia y cuidado unos puntos de vista alternativos. Los escritores más ortodoxos los desafían y discuten con ellos.

Años 200-300 d.C.
La ortodoxia se solidifica en los credos.
Continúan levantando sus cabezas diferentes herejías.
La ortodoxia, sin embargo, mantiene con claridad su dominio en la mayoría de las regiones.
Las doctrinas alternativas continúan llamando la atención de muchos escritores ortodoxos que las ven con una presencia real y preocupante.

Nos detendremos allí. Como puedes ver, el siglo IV fue testigo de un momento significativo por la manera en que se definió el cristianismo ortodoxo. Pero solo en el sentido *técnico*, no en el sentido *material* —no cambió ni radicalizó la enseñanza ortodoxa que había estado actuando con fuerza desde la misma fundación de la iglesia primitiva—. Aquí Ehrman y los escépticos exageran la confiabilidad de sus argumentos, dando a entender que la ortodoxia se unió al final del juego solo para aplastar a la oposición.

Lo único nuevo en esta coyuntura de la historia de la iglesia fue la institución del *credo* —un resumen de las declaraciones de la doctrina ortodoxa—. El primer credo importante se adoptó durante la primerísima reunión global de líderes de la iglesia en Nicea (en la actual Turquía). Conocido y recitado todavía en la actualidad, el Credo Niceno es un conjunto de creencias que fueron traducidas al español en una versión de 216 palabras.

Creo en un solo Dios Padre Todopoderoso,
Creador del cielo y de la tierra, y de todas las
cosas visibles e invisibles;
Y en un solo Señor Jesucristo, Hijo Unigénito
de Dios,
Engendrado del Padre antes de todos los siglos,
Dios de Dios, Luz de Luz, verdadero Dios de
Dios verdadero,
Engendrado, no hecho, consubstancial con el
Padre;
Por el cual todas las cosas fueron hechas,
El cual por amor a nosotros y por nuestra salud
descendió del cielo,
Y tomando nuestra carne de la virgen María,
por el Espíritu Santo, fue hecho hombre,
Y fue crucificado por nosotros bajo el poder de
Poncio Pilatos,
Padeció, y fue sepultado;
Y al tercer día resucitó según las Escrituras,
Subió a los cielos y está sentado a la diestra de
Dios Padre.

Y vendrá otra vez con gloria a juzgar a los vivos
y a los muertos;

Y Su reino no tendrá fin.

Y creo en el Espíritu Santo, Señor y Dador de
vida, procedente del Padre y del Hijo,

El cual con el Padre y el Hijo juntamente es
adorado y glorificado;

Que habló por los profetas.

Y creo en una santa Iglesia Católica y
Apostólica.

Confieso un Bautismo para remisión de pecados,

Y espero la resurrección de los muertos.

Y la vida del Siglo venidero. Amén.

El Concilio de Nicea fue convocado para lidiar con las visiones
heréticas sobre la divinidad de Cristo, una controversia altamente filosófica. Por esa razón se redactó un credo de palabras muy elaboradas,
cuyas frases tenían la intención de recapitular y clarificar lo que habían
dicho los escritos de Pedro, Pablo y los autores de los Evangelios. El
credo no contiene las *palabras* de las Escrituras, pero su doctrina se
deriva con claridad de ellas. Es decir, de las palabras del testimonio del
Nuevo Testamento que habían sido preservadas durante largo tiempo.

¿No te parece?

Pero por alguna razón muchos escépticos no pueden seguir esta
pista. Ellos presentan su caso así. Sus argumentos dan a entender
que si la verbosidad del credo no viene de las bocas y los lápices de
los apóstoles, entonces el credo podría no ser otra cosa que una enseñanza nueva. Algo no inspirado por Dios. ¿Y qué razón motivaría a la
iglesia del siglo IV a confeccionar su propio tipo de creencia cristiana,

denominarla bajo el nombre de ortodoxia, y pretender que proviene directamente de Jesús y Sus seguidores originales? La respuesta es muy simple.

Dominación. Una patada en el estómago de la diversidad.

Un camino. El nuestro, por supuesto.

Negro. Blanco.

Sí. No.

Recuerda una vez más, el concilio que se reunió en Nicea (y otros concilios que le siguieron) no fue un conjunto de talleres para fabricar una Biblia. Estos hombres no estaban elaborando una ortodoxia de la nada. Estaban lidiando con controversias que circulaban en sus días. Su deseo era muy simple: darles una voz fresca y concentrada a las viejas enseñanzas con el fin de enfrentar los temas de actualidad. Estaban expresando las mismas ideas de las Escrituras, pero con diferentes palabras y en un formato diferente. Restringir la redacción del credo a poner unos versículos bíblicos junto a otros sería como afirmar que la única manera en que nosotros podemos hacer un estudio bíblico hoy, la única manera en que podemos comentar con la Biblia los acontecimientos reales de hoy en día, solo es citando versículos bíblicos palabra por palabra.

Pero, ¿por qué crear tales limitaciones?

El canon bíblico puede estar cerrado, pero la verdad y la Biblia no están muertas.

Los credos aparecieron en medio de la historia como una manera de enfrentar los puntos de vista discrepantes, las posiciones que *ya* existían fuera de los límites *ya* establecidos de la ortodoxia. Al decir las mismas cosas con diferentes frases y palabras, la iglesia no estaba *reemplazando* las enseñanzas ortodoxas, sino solo *reaplicándolas* a temas específicos.

Una vez más, vemos que la premura por interpretar esos acontecimientos de la historia de la iglesia como algo que va desde la conspiración y la corrupción hasta una propaganda de completa destrucción
y reescritura de las Escrituras, no es producto de una investigación
verificable. Es el resultado de exagerar la complejidad del panorama del
cristianismo durante los primeros siglos de nuestra era. La complejidad
nos da una impresión engañosa de una diversidad más grande de la
que realmente existió durante el siglo I. Se trata de nivelar el campo de
juego entre las formas de cristianismo alternativo para que la ortodoxia
luzca menos única y dominante. Esto hace que la historia del cristianismo dé la impresión de ser una elección entre iguales.

Al parecer, para los escépticos es diversidad o nada. En realidad,
el argumento es el siguiente: Dales diversidad y cualquier reclamo
sobre la verdad perece.

La fe de nuestros padres

No te equivoques: sí es posible presentar el caso de una *legítima* diversidad en la fe cristiana. A cada uno de nosotros se nos dio un conjunto
de dones espirituales para que los pongamos en práctica. Y la Biblia
llama a una unidad en la diversidad. No todos somos una «pierna»,
«pie» o «brazo». El cuerpo necesita que todas esas partes funcionen
en conjunto.

De la misma manera, en la Biblia tenemos una diversidad legítima.
Piensa en los cuatro Evangelios, escritos por cuatro diferentes hombres, cada uno con su propio vocabulario, su propio punto de vista y su
público objetivo. Como lo dijo alguna vez un estudioso: «La música
del Nuevo Testamento no está escrita para ser cantada al unísono».[15]

Pero la *diversidad* —la diversidad *legítima*— no es lo mismo que la *contradicción*. Tampoco quiere decir falta de un núcleo unificador. El Evangelio es, en nuestro caso, el centro unificador: Las enseñanzas apostólicas acerca de Jesús, quién murió en la cruz por nuestros pecados, fue enterrado, resucitó y volverá algún día. Que Jesús fue levantado para compartir autoridad sobre la salvación con Dios, es alguien a quien todos rendirán cuentas y ofrece vida en el Espíritu a todo aquel que recibe Su regalo por la fe. El evangelio se trata de un viaje con Dios en el contexto de recibir su perdón y el regalo de la vida ahora y por la eternidad. *Este* es el núcleo —llámalo ortodoxia, si quieres— al que apuntaron Pablo y demás autores del Nuevo Testamento, acerca de la venida del Mesías, de acuerdo con la expectativa del Antiguo Testamento. Y cualquiera que no lo hiciera —así fuera Pablo mismo, o aun un ángel del cielo— sea maldito.

Por lo tanto, no dejes que nadie te engañe al moverte de arriba abajo entre dos diferentes clases de diversidad: el tipo de diversidad legítima que debemos celebrar y la diversidad que difiere de las enseñanzas centrales del cristianismo. Ambas están a kilómetros de distancia una de otra. ¿Adorar a Jesús a nuestra manera? Sí, de todas las maneras —pero solo dentro de los parámetros del evangelio cristiano histórico y unificador del primer siglo—.

Ahora ya puedes volver a tu asiento de la iglesia. Tu fe está basada en las doctrinas y creencias cristianas que leíste, conociste y abrazaste, y no se cocinaron todas en un comité. Se remontan a lo que la gente vio, oyó y experimentó con la presencia física de Jesús. Es real. Es Él. Esto es eterno.

¿Existen todavía hoy rivales de la creencia ortodoxa? Sí. ¿Hay personas que quieren convertir a Jesús en una herejía? Sí. ¿Falsas enseñanzas? Sí. Y a la iglesia le fue encomendada, aún hoy, así como

en los primeros días, la tarea de abordar y exponer el error «rete-
niendo la palabra fiel que es conforme a la enseñanza, para que sea
capaz también de exhortar con sana doctrina y refutar a los que contradicen» (Tito 1:9).

Hicimos este recorrido para responder las preguntas legítimas
que plantean las personas acerca de la fe cristiana; asuntos que ves
en la televisión o lees en libros o en el Internet. Si tienes preguntas
legítimas, esperamos que hayan sido respondidas con el detalle suficiente como para que puedas pensar acerca del profundo mensaje
que la Biblia ofrece de la condición humana y tu propia alma delante
de Dios.[16] Si este mensaje tiene sentido, siéntete en libertad de adorar y ser fortalecido por Dios para vivir lo que Su gracia, perdón y
autoridad proveen. Cuando te mantienes firme en lo que crees, te
subes sobre unos hombros que van hasta el mismo principio —los de
aquellos que se codearon con el mismo Jesús—.

Preguntas de discusión

1. ¿De qué manera la cultura contemporánea recompensa la
   diversidad?
2. ¿Cuándo es positivo el amor por la diversidad de la cultura?
   ¿Cuándo es un problema para aquellos que creen en una
   verdad absoluta?
3. ¿De qué manera los pasajes citados en este capítulo dan a
   entender que la iglesia primitiva era cuidadosa a la hora de
   distinguir entre creencias verdaderas y falsas?

7

Una historia posible

¿Cómo sabemos que Jesús resucitó de entre los muertos?

*Pero entonces algo pasó. Algunos de ellos empezaron a
decir que Dios había intervenido y lo había levantado
de entre los muertos. La historia prendió y algunos (o
todos —no lo sabemos—) de sus seguidores más cercanos
llegaron a pensar que sí había resucitado.*
—Bart Ehrman[1]

*En lo que a mí se refiere, el historiador podría y debería
decir que todas las otras explicaciones acerca del por qué el
cristianismo nació y por qué tomó la forma que tomó, son
mucho menos convincentes como explicaciones históricas
que aquella que los mismos cristianos primitivos ofrecieron:
que Jesús de verdad se levantó de los muertos en la mañana
de la Pascua, dejando una tumba vacía detrás de él.*
—N.T. Wright[2]

Es muy posible que cuando empezaste a leer este libro no supieras a
dónde te iba a llevar —excavando profundo entre las líneas de las

contradicciones bíblicas exageradas, visitando el sitio exacto en donde se formó el canon bíblico, al interior de los archivos de los antiguos manuscritos iluminados con velas y mucho más allá—. Esperamos que este viaje te haya resultado tan alentador como interesante, y que hayas descubierto que tu fe está fundada en un lugar seguro, tanto en lo relacional como en lo intelectual.

Nuestro recorrido por la verdad no puede terminar sin que hagamos una última parada.

La tumba vacía.

Es posible que algunos de los temas que estuvimos recorriendo en estas páginas nunca formen parte de tu currículo de materias de religión ni de tus notas de clases y conferencias. Pero no podemos pasar por alto el tema de la resurrección de Jesús. En la guerra entre la verdad y la duda, nada supera la batalla sobre un cierto terreno en Jerusalén donde la muerte fue llevada una tarde de viernes y salió por la puerta principal un domingo por la mañana tan grande como la vida misma.

Si uno cambia aquí la narrativa, entonces saca el cristianismo del mapa. Solo quedaría un hombre extraño pero intrigante de Oriente Medio, ejecutado por sus creencias radicales pero bien intencionadas.[3] Se le podría considerar como una buena lectura, pero difícilmente uno podría edificar su vida en ella. Una historia religiosa muerta.

Enfrentémoslo.

A medida que lleguemos al final de este capítulo, las probabilidades de poner en riesgo tu fe no podrán estar más altas. Pero confía en esto: Tú puedes pararte en la plaza pública con mucho más que solo tu Nuevo Testamento y tu certificado de bautismo. Estamos aquí para equiparte con las refutaciones y razonamientos mejor pensados sobre un tema de importancia bíblica clave. La gente podrá desechar tus opiniones como si fueran ciegas esperanzas de una tradición sin base —y están en todo su derecho de pensarlo—, pero no recibirán una mirada perdida —no de parte *tuya*—. Te recibirán a *ti* con tus respuestas.

Y hay mucha verdad en lo que deberás decir.

Un cuerpo en movimiento

El punto inicial contra todo argumento que duda de la resurrección es la misma tumba vacía. Cualquiera sea la teoría que le dé más sentido a los escépticos en un día cualquiera, el modelo elegido deberá incluir al menos la realidad de una tumba abierta. Porque cuando la historia empezó a circular en las horas siguientes a la muerte de Jesús, sugiriendo que Él había sido levantado de entre los muertos de forma milagrosa, una rápida visita a Su lugar de descanso final habría bastado como el más simple, único y desbaratador requisito para detener cualquier discusión fanática. Un cuerpo significaba que no había más cuento que contar.

¡Sigan sus caminos, todos!

Pero es obvio que ese no fue el caso. La gente puede hacer todas las conjeturas que quiera acerca de la resurrección, desde decir que es probable que Su cuerpo haya sido robado hasta preguntarse si realmente el cuerpo fue puesto allí. Pero la tumba *estaba* vacía. De alguna manera. Por la mano de alguien. El hecho de que todavía hoy se esté hablando de este tema es una amplia prueba de ello. Si nada parece desarticular la afirmación de los discípulos de que Jesús volvió a la vida después de Su crucifixión, entonces la tumba vacía sigue siendo, al menos, un signo a favor en Su columna de activos. Esto es consistente con Su afirmación, sin importar que tú creas el resto de la historia o no.

La Biblia —la cual evidentemente no tiene mucho peso para algunas personas— incluye una descripción de los oficiales judíos que, de inmediato, apelaron a las autoridades romanas después de la muerte de Jesús para que se protegiera la tumba de cualquier acto de vandalismo (Mat. 27:62-66). Cuando las sorprendentes noticias del domingo por la mañana aterrizaron con un tremendo ruido en las puertas de los sacerdotes, ellos actuaron de prisa proveyendo dinero para sobornar a la seguridad romana, asegurándose de que estuvieran de acuerdo con la historia que involucraba a ciertos ladrones de tumbas que se habían llevado el cuerpo aprovechando la oscuridad (Mat. 28:11-15).[4] Suena como un encubrimiento lógico, ¿no es cierto?

Pero no hay motivos razonables para que alguien pueda afirmar que los huesos de Jesús permanecieron en Su tumba, ni siquiera al tercer día después de Su muerte. Lo mejor que podemos decir es que nadie nunca pudo afirmar que había encontrado el cuerpo de Jesús o Sus restos. Eso habría terminado inmediatamente con el debate. Una tumba vacía significaba que había que buscar otras opciones. «Llena el espacio en blanco» se convirtió en la alternativa.

Veamos a dónde nos llevan los escépticos.

Ver cosas: La teoría de la alucinación

La primera de las principales alternativas que consideraremos en este capítulo está relacionada con la afirmación de que los discípulos de Jesús cayeron bajo un trance inducido por el dolor y que solo *imaginaron* que vieron a Jesús vivo —visiblemente presente, hablando con ellos, agarrándolos de los hombros, sonriendo, riendo, ubicándolos, preparando sus desayunos—. Es demasiado para que haya sido solo un sueño, casi un mes y medio de encuentros cara a cara; pero así es como se presenta la propuesta —que esto no estuvo más que en sus propias mentes—.

Tú recordarás que tres años antes estos hombres habían dejado trabajos rentables y sus relaciones familiares para seguir a un místico itinerante. Pero a medida que el tiempo transcurría, sus observaciones y expectativas se fueron haciendo más grandes de lo que ellos habían imaginado cuando emprendieron por primera vez este viaje espiritual. Este hombre que los había invitado a seguirle no era solo un convincente maestro religioso. Era el Hijo de Dios. El tan esperado Mesías. Al menos eso era lo que Él decía y ellos habían llegado a creerle por lo que habían visto, oído y sentido que hacía ebullición dentro de sus propios corazones. ¡Imagínate lo que significa que ese Hombre te reconozca por tu nombre!

Así que, Su muerte, que ya era algo fuerte bajo cualquier circunstancia, fue un golpe insoportable para sus vidas y sus futuros. Fueron afectados en todo sentido: mental, espiritual, físico, emocional. No es difícil ver, según dicen los escépticos, cómo es que los discípulos más cercanos a Jesús pudieron haberse desorientado mentalmente tanto —y desesperarse también en sus estrategias para enfrentar el dolor— como para invocarlo quizás en una ensoñación de la vigilia.

Bueno. Es posible que esto ocurra, pero muy raramente, muy de vez en cuando.

Pero, ¿pudieron todos estos once hombres (el número de los apóstoles que quedaron tras el suicidio de Judas) experimentar la misma alucinación? ¿Qué podemos decir de las *quinientas* personas que tuvieron la oportunidad de ver a Jesús al mismo tiempo (1 Cor. 15:6)? ¿Compartieron los mismos alucinógenos con cada persona que asistió? ¿Cada una de sus apariciones post-resurrección se produjo en algún festival de música al aire libre?

¿Y qué de esto? Cuando Pablo cayó al suelo mientras iba a Damasco, para apresar a los seguidores de Jesús con el propósito de llevarlos a prisión en Jerusalén, no se hallaba en un estado de quebranto producto del dolor. Él odiaba profundamente hasta la tierra por la que Jesús había caminado y nada lo hubiera hecho más feliz que verlo a Él y a Sus seguidores marchar con dirección a la tumba. La visión viva y clara del Cristo resucitado tomó a Pablo por completa sorpresa —seguramente la última cosa que esperaba—. ¿Dónde está la racionalidad al decir que Pablo estaba perdido en la niebla de sus emociones alteradas?

Además, la teoría de la alucinación no afecta a la tumba vacía, que previamente había sido sellada con una puerta de piedra y sin un Maestro Jedi a la vista. No basta con soñarlo para hacerlo realidad. Por lo tanto, la ausencia del cuerpo de Jesús habla en contra de la hipótesis del delirio y en favor de la narración de los discípulos.

Piensa rápido: La teoría de la invención

Junto con este escenario descabellado, aparece también la simple suposición de que los seguidores de Cristo eran unos mentirosos. Su Jesús estaba muerto y ellos tenían mucho que explicar. Así que se movieron como expertos bailarines en la pista y crearon un engaño con la esperanza de que les daría el tiempo suficiente como para planificar su siguiente movida —después verían cómo seguir vendiendo esta idea en el futuro—. Es decir que inventaron todo sobre la marcha.

Más les vale que sea una mentira muy buena.

Robar el cuerpo era obviamente una parte importante para poder seguir adelante con el plan. Uno se pregunta cómo es que este pequeño grupo de hombres, por lo demás honestos, pudo planificar tamaña patraña; sobre todo si tenemos en cuenta que apenas 48 horas antes ni siquiera lo habrían considerado y pensando, además, que la estratagema habría significado mantener a raya a un regimiento de soldados romanos quienes, es bueno decirlo, tenían mucha más experiencia y habilidad con sus afiladas espadas. Es cierto, por supuesto, que los discípulos debían evitar cualquier tipo de detección por cualquiera de las fuerzas de seguridad y ejecutar el crimen con la precisión de un soldado consumado. Entrar, salir, todo sin ser vistos.

Así que el paso entre organizar el plan y ponerlo en acción debió de ser único en su clase. Pero, asumiendo que has visto todas las películas de *Misión Imposible* para considerar este escenario dentro del reino de lo posible, añadamos una arruga más a la dificultad histórica de esta mezcolanza: La muerte de Jesús había terminado con un tiro en la cabeza a la sola idea del Mesías. Esto significaba que tramar una historia de resurrección no solo no habría quedado registrada en el radar de nadie, sino que no habría sido considerada por ninguno de Sus seguidores como un punto a favor para ganarse la opinión pública. No valía el esfuerzo semejante misión suicida.

Dos razones por las que esto no funcionaría: las *expectativas mesiánicas y la teología de la resurrección*.

Muchos judíos rechazaron a Jesús como un pobre material para Mesías porque Jesús nunca se ajustó al modelo militarista y de dominación del mundo que ellos siempre pensaron que traería la persona del Mesías. Y ahora que estaba muerto, Su resurrección no le sumaría nada para levantar el valor de Sus acciones delante de sus ojos. A juzgar por lo que habían visto de Él en Su primera vuelta, los judíos no habrían esperado que ni siquiera un Jesús 2.0 pudiera ser el libertador nacional. Había llegado el tiempo de buscar a alguien más. Así que nada relacionado con Su muerte trágica (*trágica* desde el punto de vista de Sus apóstoles y seguidores) serviría para que, de manera natural, creyeran en un mito de la resurrección. Nunca contuvo alguna promesa de credibilidad ni de efectividad para convertirse en el clímax de una trama ganadora. Los judíos nunca se habrían tragado ese cuento.

Y tampoco nadie más. El pensamiento religioso predominante acerca de la muerte en la cultura *no*-judía —basado en la premisa de que el alma era buena y el cuerpo físico era malo— veía la separación del alma del cuerpo como algo completamente positivo a la larga. Así que en el evento imposible en donde una persona resucita, tal reunificación de lo espiritual con lo físico habría sido considerada no solo ilusoria, sino indeseable. De ninguna manera los discípulos se habrían inclinado a pensar que traer a Jesús de vuelta a la vida hubiera jugado un buen papel en la cosmovisión general.

La teología judía sobre la resurrección era, por supuesto, diferente. Y la transformación era nacional, colectiva, personal e individual. Estaba diseñada para cambiarlo todo. Y lo que es más importante, esta resurrección venidera tenía que coincidir con una renovación del mundo entero, donde la existencia de la humanidad sería capaz de habitar en una experiencia por completo diferente. Ellos nunca soñaron que alguien regresaría a la vida en medio de una historia humana tan defectuosa. Era inconcebible que se esperase vivir sus rejuvenecidos días en medio de los mismos problemas y conflictos que estaban aquí cuando ellos partieron. Aun Sus discípulos, en las ocasiones en que Jesús predijo Su muerte y resurrección, parecen sacudirse sus cabezas y preguntarse de dónde sacaba Jesús esas ideas.

Finalmente, nadie en la cultura del siglo I esperaba o deseaba que esta presunta historia fuera publicitada. Quizás si los discípulos conocían personas que hubieran encontrado atractiva la historia de la resurrección, aunque difícil de tragar, podríamos, con cierta razón, seguirle la pista a esta teoría de la invención. Pero como no vemos motivo para hacerlo, la única buena pregunta sería: «¿Por qué lo hicieron?».

Es cierto que Jesús no fue la primera persona en la historia que reunió alrededor de sí a un grupo de seguidores devotos, anunciándose a sí mismo como el Mesías solo para ser asesinado por atreverse a hacer tales audaces declaraciones. Sin embargo, como lo dice N.T. Wright: «En ningún caso oiremos la más mínima mención que hable de discípulos defraudados reclamando que su héroe había sido levantado de los muertos. Ellos estaban más al tanto del tema. La resurrección no era un evento privado. Los revolucionarios judíos, cuyo líder había sido ejecutado por las autoridades y los que lograron escapar por ellos mismos, tenían dos opciones: renunciar a la revolución o encontrar otro líder. Afirmar que el líder original estaba vivo otra vez no era una opción. A menos, por supuesto, que él sí estuviera vivo».[5]

Sí, a menos que lo estuviera. Porque la gente no puede vivir una mentira por mucho tiempo. La experiencia nos dice (si nos permitimos jugar con esta línea de la teoría de la invención) que los seguidores de Jesús podrían haber mantenido la actuación durante un tiempo, si es que hubieran decidido vivir una mentira desesperada. Pero con el paso del tiempo, el peso de mantener su historia rodando con consistencia, sin detenerse y de conservar a todos a bordo, terminaría por hundir la farsa. Después de todo, vivir una mentira es algo terrible.

¡Mucho más, morir por una!

Sin embargo, eso es exactamente lo que pasó —no solo en unos pocos casos aislados, sino a lo largo de todo el espectro, en olas cada vez más grandes, continuando a través de los años y las generaciones—. Aquellos que hoy escogen rechazar la resurrección de Jesús, quienes la consideran como un intento artificial de Sus discípulos por crear una leyenda de Cristo, deberían ser capaces de explicar «cómo un pequeño grupo de seguidores derrotados de Jesús fueron transformados casi de la noche a la mañana en valientes testigos, que arriesgaron sus vidas al proclamar su resurrección corporal ante muchos de los mismos que 50 días antes habían participado en la crucifixión».[6]

Ellos *no* lo pueden explicar. ¿Quién puede?

«Mientras muchos han muerto por sus convicciones», escribe el apologista y autor Gary Habermas, «los discípulos de Jesús estaban en el lugar justo como para conocer la verdad o la falsedad de un evento por el cual ellos estaban dispuestos a morir».[7] Los discípulos eran autodestructivos al máximo, hasta el último de ellos, si estaban dispuestos a seguir una sarta de mentiras hasta el lugar de torturas. La razón argumentaría que ellos podrían sostener esto un poco … pero no muy lejos. Sin embargo, lo sostuvieron durante el resto de sus vidas, sin librarse nunca de la prisión o de la persecución.

Y hay otra cosa más. Si te perece que ninguno de estos puntos te llevó a ninguna parte, considera este último. El patrón común cuando se inventa apresuradamente una pieza de ficción (¡asumiendo que no tienes un conocimiento práctico del asunto!) es pensar demasiado en la escena. Por tratar de ser infalible y de construir un caso bien cerrado, irás añadiendo detalles de aquello que esperas que tu audiencia (tus padres, tu profesor, tu novio/novia) crea y acepte. Como no estás contando lo que de verdad pasó, el abanico de posibilidades es bastante amplio. Y la naturaleza engañosa de los seres humanos los lleva a ampliarlo más.

¿Qué clase de locura, entonces, guiaba a estos seguidores de Jesús a armar un fraude de la resurrección y dejarse a sí mismos fuera de los roles protagónicos? Por ejemplo, si un judío del primer siglo inventara una buena historia, nunca pondría mujeres en los roles principales. Las mujeres, en este período de la historia, no tenían permitido, siquiera, testificar en una corte, excepto en casos específicos de abuso sexual.[8] No habrían sido los testigos más creíbles ni los primeros en acudir al Cristo resucitado. Muy difícilmente habrían logrado este papel en cualquier plan que hubieran acordado los apóstoles durante sus sesiones de escritura clandestinas.

Para empeorar aún *más* el tema de la coordinación, en una de las narraciones se muestra a los Once llamando locas a esas señoritas por dar a entender tal cosa. «Y a ellos estas palabras les parecieron como disparates», dice la Biblia, «y no las creyeron» (Luc. 24:11). Es muy difícil que esta sea la postura que quieras tomar si tu principal objetivo es convencer a todo el mundo de que esos eventos en realidad sucedieron.

Así que tienes una historia improbable, una audiencia que no se dejará impresionar, riesgos de una muerte inoportuna y un grupo de protagonistas poco comunes. La afirmación es que los discípulos inventaron una idea que era culturalmente impopular (resurrección), usando personas que ni siquiera se pueden contar como testigos para esto (mujeres), que se presentan a un grupo de seguidores incrédulos (discípulos dudosos) como el método para persuadir a una audiencia incrédula. Ninguno de esos elementos pasa la prueba para la teoría de invención. Tampoco pueden siquiera hacer mella a la narración más razonable —aun si no es creíble para los que dudan— que Jesús, a través del más portentoso milagro de todos, se levantó de la tumba en un cuerpo resucitado.

Un escéptico sobrenatural

Todavía hay otros argumentos. Algunos creen que Jesús no estuvo realmente muerto, sino que solo estaba en estado de inconsciencia. Otros dicen que la persona post-resurrección era un impostor, un suplente con un gran parecido, o que quizás volvió en alguna forma espiritual que no se iguala al regreso físico de entre los muertos. Pero en el corazón de todas estas afirmaciones y en el de las demás encontramos un escepticismo que milita contra todo lo que sea sobrenatural. Si el universo de teorías aceptables solo puede estar poblado por traumas, por el dolor, ilusiones mentales y conspiraciones dramáticas; entonces esta persona está eligiendo limitar deliberadamente sus opciones.

Pero no es lo mismo que decir que se están limitando a lo *razonable,* porque ninguna de esas alternativas es razonable. Ninguna se acomoda a la tumba vacía. Y si lo hacen, fallan en cualquiera de los otros frentes, como ya hemos visto. Les guste o no, la historia más *razonable* es la que se declara como una verdad en nuestras Biblias. Y el hecho de que es *sobrenatural* no debería descalificarla de la consideración, a menos que simplemente estés prejuiciado a aceptar una posición que rompe con los límites de los cinco sentidos.

Queda por hacer una sola pregunta: «¿Es razonable la narración bíblica de la resurrección de Cristo?».

Bueno, sí... lo es.

Y puedes sostener esta conclusión en cualquier conversación en el país, seguro de que has pensado bien cada una de sus aristas, seguro de que no lo estás creyendo solo con una fe ciega, confiando que tu creencia en Cristo tiene la verdad y la razón de su lado. Esto no quiere decir que podemos obligar a todo el mundo a que piense como nosotros. Pero tampoco quedas reducido a «cubrirte los oídos y tararear en voz alta», como Ehrman les dice a sus estudiantes, con el fin de no ser estrangulado por el asalto de la duda. Cerraremos este capítulo con la astuta observación de Tim Keller:

> Cada año durante la Pascua predico sobre la resurrección. En mi sermón siempre les digo a mis amigos seculares y escépticos que aun si ellos no pueden creer en la resurrección, deberían desear que sea verdad. Muchos de ellos tienen una profunda preocupación por la justicia social, aliviar el hambre y la enfermedad y cuidar el medioambiente. Sin embargo, muchos de ellos creen que el mundo material fue causado por accidente y que el mundo y todas las cosas en él desaparecerán con la muerte del sol. Ellos encuentran desalentador que tan poca gente se preocupe por la justicia, sin darse cuenta que su propia cosmovisión socava cualquier motivación para hacer del mundo un mejor lugar. ¿Por qué sacrificarme por las necesidades de otros si al final nada de lo que hagamos hará una diferencia? Sin embargo, si la resurrección de Jesús sucedió, esto significa que hay esperanza y razón infinita para verternos por las necesidades del mundo.[9]

Bien dicho. Y listo para ser bien vivido.

Preguntas de discusión

1. ¿Cuáles son algunas de las explicaciones alternativas para la tumba vacía y las afirmaciones de los testigos oculares acerca de que Jesús se levantó de entre los muertos? ¿Cuáles son algunos de los problemas que plantean esas explicaciones alternativas?

2. ¿Qué es lo significativo en cuanto a que las mujeres fueron los primeros testigos oculares de la resurrección?

3. ¿Por qué, de acuerdo con Tim Keller, los escépticos deberían desear que la resurrección sea verdad?

Una buena lectura acerca de la fe razonada

B art Ehrman cuenta la siguiente historia de cómo empiezan sus clases en la universidad:

> El primer día de clases con más de 300 estudiantes presentes, pregunto: «¿Cuántos de ustedes estarían de acuerdo con la proposición de que la Biblia es la Palabra inspirada de Dios?». *¡Zaz!* Casi todos en el auditorio levantan sus manos. Entonces pregunto: «¿Cuántos de ustedes tienen uno o más de los libros de Harry Potter?». *¡Zas!* Todo el auditorio. Entonces pregunto: «¿Y cuántos de ustedes han leído toda la Biblia?». Algunas pocas manos, unos pocos estudiantes por aquí y por allá. Siempre me río y digo: «Ok. Miren, yo no estoy diciendo que pienso que Dios escribió la Biblia. Ustedes me están diciendo que piensan que Dios escribió la Biblia. Me doy cuenta por qué desean leer un libro escrito por J.K. Rowling.

Pero si Dios escribió un libro... ¿no desearían ver
lo que tiene que decir?».[1]

No podríamos haber presentado mejor el asunto. Todo aquel que
piensa que la Biblia es (o aun es posiblemente) inspirada por Dios,
tiene delante de sí este desafío: leerla. Antes de leer cualquier libro
que busca cuestionar esta afirmación —aún antes de que te apasio-
nes con libros como este, el cual argumenta con fuerza a favor de las
Escrituras— ¡lee la Biblia!

- Observa por ti mismo cómo la Biblia enfrenta el problema
  del pecado y sus efectos en el mundo que nos rodea. Y juzga
  por ti mismo si se corresponde con el mundo que te rodea.
- Descubre por ti mismo la compasión de Jesús y la inmensa
  autoridad de Sus palabras.
- Observa por ti mismo la notable unidad entre los diversos
  autores humanos.
- Descubre por ti mismo la majestad y la belleza de un Dios
  quien no dejó que el mundo se seque y muera, sino que ini-
  ció un plan para redimir Su creación y hacer que las cosas
  sean buenas una vez más.

Desde el principio de este libro, hemos notado la diferencia entre
una fe ciega y una fe razonada. De manera constante te recordamos
que el cristianismo nunca le pide a nadie que crea en algo que no es
verdad, solo por el hecho de creer. Pero mientras te preparas para partir de esta experiencia a la próxima aventura de tu viaje, te animamos
a que tomes la comodidad y la confianza de una fe razonada, más
allá de los desafíos de los escépticos, y la lleves a tu vida cotidiana.

Uno de los peligros sutiles de hundirse tan profundamente en la misión de defender tu fe es reducirla a una mera aceptación intelectual. Las afirmaciones: el cielo es azul, el pasto es verde, y Jesús se levantó de entre los muertos se declaran como si fueran de igual importancia y consecuencia. No, tu fe en Cristo no solo está bien ubicada porque es razonable, comparada con todas las otras cosmovisiones y patrones de pensamiento, sino porque este Jesús puede cambiarnos a *ti* y a *mí* e inspirarnos a vivir vidas que lleguen hasta la cima del propósito por el cual fuimos creados.

Una fe razonada es una fe para todo propósito. No solo opera desde un pupitre, sino desde cada lugar en que te sientes, te levantes, vivas e interactúes. Permite que esta fresca seguridad en Dios y Su Palabra te penetre completamente —tanto a través de tu corazón como de tu intelecto—. Sométete a Él con todo tu ser, permitiéndole que te haga madurar continuamente y te prepare para cada nuevo amanecer y oportunidad en la vida, incluyendo los problemas y los lugares difíciles.

Permanece en la Escritura, no solo para probar que es verdad, sino para mostrarla viva e iluminadora, transformándote en alguien que piensa, actúa, habla y responde con un carácter a la semejanza de Cristo porque el Espíritu Santo obra dentro de ti.

El Dios cuya verdad y naturaleza eterna garantizan la verdad de la Biblia no es solo tu defensor cuando afirmas que la verdad importa, sino que también es el defensor de tu corazón y alma como creyente devoto. Sé Su discípulo y Su defensor, y así amarás los lugares a los que tu fe razonada puede llevarte.

Y conoceréis la verdad, y la verdad os hará libres.
JUAN 8:32

Preguntas de discusión

1. ¿Cómo puedes estar seguro de que te mantienes en las Escrituras de tal manera que cuando te hagan preguntas sepas lo que la Biblia enseña sobre cada uno de esos temas?
2. ¿Estás involucrado con una iglesia saludable? ¿Cómo puedes contribuir?
3. ¿Cuál es la mejor manera para enfrentar a los escépticos cuando preguntan acerca de la precisión de la Biblia? ¿Tuviste alguna oportunidad reciente para considerar con otros algunos de los temas que se tratan en este libro?

Cava más profundo

Este libro es una introducción al tema de cómo los escépticos se acercan a las Escrituras. Discute las ideas claves y los principios que ayudan a los lectores a entender y responder esas objeciones. Pero muchos detalles no están en esta obra.

Así que para aquellos que quieran cavar más profundo, hemos escrito una versión más detallada llamada *Truth in a Culture of Doubt* [La verdad en una cultura de duda] (publicada en 2014), la cual incluye documentación más completa y respaldo bibliográfico. Este último libro te dará una mirada más amplia sobre las razones fundamentales para los argumentos que presentamos aquí. También lo encontrarás útil para compartir una versión más detallada con alguien que desee cavar más profundo en el tema.

Nuestra esperanza es que estos recursos te ayuden a responder tus propias preguntas y las preguntas de otros.

Notas

Prefacio

1. Bart D. Ehrman, *Jesus, Interrupted: Revealing the Hidden Contradictions in the Bible (And Why We Don't Know about Them)* [Jesús, interrumpido: Revelando las contradicciones ocultas de la Biblia (y por qué no sabemos de ellas)] (San Francisco: HarperOne, 2009), 14.

Capítulo 1

1. Bart D. Ehrman, *Did Jesus Exist? The Historical Argument for Jesus of Nazareth* [¿Jesús existió? El argumento histórico para Jesús de Nazaret] (San Francisco: HarperOne, 2012), 142.

2. Bart D. Ehrman, *Misquoting Jesus: The Story Behind Who Changed the Bible and Why* [Citando mal a Jesús: La historia detrás del que cambió la Biblia y por qué] (San Francisco: Harper, 2005); *God's Problem: How the Bible Fails to Answer Our Most Important Question—Why We Suffer* [El problema de Dios: Cómo la Biblia falla en responder la pregunta más importante —¿Por qué sufrimos?—] (New York: HarperCollins, 2008); *Jesus, Interrupted: Revealing the Hidden Contradictions in the Bible (And Why We Don't Know About Them)* [Jesús, interrumpido: Revelando las contradicciones ocultas de la Biblia (y por qué no sabemos de ellas)] (San Francisco: HarperOne, 2009); *Forged: Writing in the Name of God—Why the Bible's Authors Are Not Who We*

Think They Are [Falsificado: Escribir en el nombre de Dios —¿Por qué los autores de la Biblia no son quienes pensamos que son?—] (San Francisco, HarperOne, 2011).

3. Ehrman, *God's Problem* [El problema de Dios], 127.

4. Ehrman, *Misquoting Jesus* [Citando mal a Jesús], 10.

5. D. A. Carson, *The Intolerance of Tolerance* [La intolerancia de la tolerancia] (Grand Rapids: Eerdmans, 2012), 97 (énfasis agregado).

6. Ehrman, *God's Problem* [El problema de Dios], 4.

7. Ehrman, *Jesus, Interrupted* [Jesús, interrumpido], 17.

8. Michael J. Kruger, review of Bart D. Ehrman, *Jesus, Interrupted* [reseña de Bart D. Ehrman, Jesús, interrumpido*]*, *Westminster Theological Journal* 71, n° 2 (2009): 502–9. ATS (the Association of Theological Schools [la Asociación de Escuelas de Teología]) es la agencia que acredita a muchos seminarios en los Estados Unidos.

9. Ehrman, *Did Jesus Exist?* [¿Jesús existió?], 143–44.

Capítulo 2

1. Bart D. Ehrman, *God's Problem: How the Bible Fails to Answer Our Most Important Question—Why We Suffer* [El problema de Dios: Cómo la Biblia falla en responder la pregunta más importante —¿Por qué sufrimos?—] (New York: HarperCollins, 2008), 16.

2. Timothy Keller, *The Reason for God: Belief in the Age of Skepticism* [¿Es razonable creer en Dios?: Fe en tiempos de escepticismo] (Nueva York: Penguin, 2008), 23–24.

3. Ehrman, *God's Problem* [El problema de Dios], 66.

4. Ibid., 128.

5. Keller, *The Reason for God* [¿Es razonable creer en Dios?], 24.

6. Ehrman, *God's Problem* [El problema de Dios], 13.

NOTAS 179

7. Ibid., 13.

8. Alvin Plantinga, "A Christian Life Partly Lived" [Una vida cristiana vivida parcialmente], en *Philosophers Who Believe: The Spiritual Journeys of 11 Leading Thinkers*, [Filósofos creyentes: Los viajes espirituales de 11 pensadores influyentes] ed. Kelly James Clark (Downers Grove: InterVarsity, 1997), 72.

9. Alister E. McGrath, *Mere Apologetics: How to Help Seekers and Skeptics Find Faith* [Mera apologética: Cómo ayudar a buscadores y escépticos a encontrar la fe] (Grand Rapids: Baker, 2012), 166–67.

10. Keller, *The Reason for God* [¿Es razonable creer en Dios?], 74–75.

11. McGrath, *Mere Apologetics* [Mera apologética], 166.

Capítulo 3

1. Bart D. Ehrman, *Lost Christianities: The Battles for Scripture and the Faiths We Never Knew* [Cristianismos perdidos: Las batallas por la Escritura y las fes que nunca conocimos] (Oxford: Oxford University Press, 2003), 248.

2. Michael Kruger, review of Bart D. Ehrman, *Jesus, Interrupted* [reseña de Bart D. Ehrman, Jesús, interrumpido], *Westminster Journal* 71, n° 2 (2009): 502–9.

3. Daniel Radosh, "The Good Book Business" [El buen libro de negocios], www.newyorker.com/archive/2006/12/18/061218fa_fact1, accesado mayo 14, 2013.

4. Irenaeus, *Against Heresies* [Contra las herejías], 3.1.1 and 3.11.8.

5. Véase Bruce M. Metzger, *The Canon of the New Testament* [El canon del Nuevo Testamento] (Oxford: Clarendon, 1987), 305–7.

6. Ibid.

7. Ibid., 172.

8. Ibid., 173.

9. *Catechesis* [Catequesis], 6.31.

10. *Hom. in Luc*, 1.

11. Andreas J. Köstenberger and Michael J. Kruger, *Heresy of Orthodoxy: How Contemporary Culture's Fascination with Diversity Has Reshaped Our Understanding of Early Christianity* [La herejía de la ortodoxia: Cómo la fascinación de la cultura contemporánea por la diversidad ha cambiado nuestro entendimiento del cristianismo primitivo] (Wheaton, IL: Crossway, 2010), 166. Véase también Darrell Bock y Daniel Wallace, *Dethroning Jesus: Exposing Popular Culture's Quest to Unseat the Biblical Christ* [Destronando a Jesús: Exponiendo la búsqueda de la cultura popular para destronar al Cristo bíblico] (Nashville: Thomas Nelson, 2007), 113–22.

12. Richard Bauckham, *Jesus and the Eyewitnesses: The Gospels as Eyewitness Testimony* [Jesús y los testigos oculares: Los evangelios como testimonio de testigos oculares] (Grand Rapids: Eerdmans, 2006).

13. Por cierto, buscarás en vano referencias a la obra de Bauckham en los escritos de Ehrman sobre el tema.

14. Ehrman, *Forged: Writing in the Name of God—Why the Bible's Authors Are Not Who We Think They Are* [Falsificado: Escribir en el nombre de Dios —¿Por qué los autores de la Biblia no son quienes pensamos que son?] (San Francisco, HarperOne, 2011), 75.

15. Véase Craig Evans, "Jewish Scripture and the Literacy of Jesus," [La Escritura Judía y la alfabetización de Jesús] consultado el 10 de octubre de 2013 en http://www.craigevans.com/evans.pdf, y Alan Millard, *Reading and Writing in the Time of Jesus*, The Biblical Seminar 69 [Lectura y escritura en los tiempos de Jesús, El Seminario Bíblico 69] (Sheffield Academic Press, 2000).

16. Ben Witherington III, "Bart Interrupted" [Bart interrumpido] http://benwitherington .blogspot.com/2009/04.

17. Michael Kruger, "The Authenticity of 2 Peter" [La autenticidad de 2 Pedro], *Journal of the Evangelical Theological Society* [Revista de la Sociedad Teológica Evangélica] 42 (1999): 670.

18. Michael Licona, "Review of *Forged: Writing in the Name of God—Why the Bible's Authors Are Not Who We Think They Are*" [Reseña de Falsificado: Escribir en el nombre de Dios —¿Por qué los autores de la Biblia no son quienes pensamos que son?], 2–3. Publicado en línea en http://www.risenjesus.com/articles/52-review-of -forged, accessed June 21, 2012.

Capítulo 4

1. Bart Ehrman, *Jesus, Interrupted: Revealing the Hidden Contradictions in the Bible (And Why We Don't Know About Them)* [Jesús, interrumpido: Revelando las contradicciones ocultas de la Biblia (y por qué no sabemos de ellas)] (San Francisco: HarperOne, 2009), 16.

2. Ben Witherington III, "Bart Interrupted" [Bart interrumpido], http://benwitherington.blogspot.com/2009/04/bart-interrupted-part-four.html, accesado marzo 25, 2010.

3. Véase, p. ej., *Gospel of Nicodemus 2*,[Evangelio de Nicodemo 2] el cual repite el cargo de que el nacimiento de Jesús fue el resultado de fornicación; y Orígenes, *Against Celsus* [Contra Celso] 1.28, de acuerdo al cual el nacimiento de Jesús fue el resultado de la unión sexual de María con Panthera, un soldado romano.

4. Andreas J. Köstenberger, "John's Transposition Theology: Retelling the Story of Jesus in a Different Key" [Teología de la transposición de Juan: Volver a contar la historia de Jesús en un tono diferente], en *Earliest Christian History*, [Historia cristiana más temprana] ed. Michael F. Bird and Jason Maston, Wissenschaftliche Untersuchungen zum Neuen Testament 2/320 (Tübingen: Mohr Siebeck, 2012), 191–226.

5. De hecho hay una «señal» de Jesús en los otros Evangelios, la «señal de Jonás» (Mat. 12:38-45). ¿Podría ser que de ahí Juan haya obtenido la idea?

6. Véase Köstenberger, "John's Transposition Theology" [Teología de la transposición de Juan].

7. Ehrman, *Jesus, Interrupted* [Jesús, interrumpido], 89–90.

8. Ibid., 90.

9. D. A. Carson, *Jesus' Sermon on the Mount and His Confrontation with the World: An Exposition of Matthew 5–10* [El Sermón del Monte de Jesús y su confrontación con el mundo: Una exposición de Mateo 5-10] (Grand Rapids: Baker, 2004), 128. Para un ejemplo del tratamiento responsable y menos dicótomo de la relación entre Jesús y Pablo, véase David Wenham, *Paul: Founder of Christianity or Follower of Jesus?* [Pablo: ¿Fundador del cristianismo o seguidor de Jesús?] (Grand Rapids: Eerdmans, 1996).

10. Véanse los títulos originales griegos de los cuatro Evangelios: «El Evangelio de acuerdo a Mateo», «El Evangelio de acuerdo a Marcos», «El Evangelio de acuerdo a Lucas», «El Evangelio de acuerdo a Juan».

11. Bart Ehrman, *Misquoting Jesus: The Story Behind Who Changed the Bible and Why* [Citando mal a Jesús: La historia detrás de quién cambió la Biblia y por qué] (San Francisco: Harper, 2005), 9.

12. Ibid., 11.

13. Michael J. Kruger, review of Bart D. Ehrman, *Jesus, Interrupted* [Reseña de Bart D. Ehrman, Jesús, interrumpido], *Westminster Theological Journal* 71, nº 2 (2009): 502–9.

14. Richard Bauckham, *God Crucified: Monotheism and Christology in the New Testament* [Dios crucificado: Monoteísmo y cristología en el Nuevo Testamento] (Grand Rapids: Wm. B. Eerdmans, 1999), 24; cf. Andreas J. Köstenberger, *A Theology of John's Gospel and Letters: The Word, the Christ, the Son of God* [Teología del Evangelio de Juan y sus cartas: La Palabra, el Cristo, el Hijo de Dios] (Biblical Theology of the New Testament; Grand Rapids: Zondervan, 2009), 356–60.

15. N. T. Wright, *Jesus and the Victory of God* [Jesús y la victoria de Dios] (Minneapolis: Fortress, 1997). Para un resumen útil de su argumento con respecto a la deidad de Jesús en *Jesus and the Victory of God* [Jesús y la victoria de Dios], véase N. T. Wright, appendix to Antony Flew, *There Is a God* [Hay un Dios] (New York: Harper Collins, 2007), 188–95; y Marcus Borg y N. T. Wright, *The Meaning of Jesus: Two Visions* [El significado de Jesús: dos visiones] (New York: Harper, 1999), 157–68.

16. Wright, *Jesus and the Victory of God* [Jesús y la victoria de Dios], 623.

17. Wright, "Appendix B," in Flew, *Jesus: Two Visions* [Jesús: dos visiones], 190–91.

18. Ibid., 192.

19. Darrell L. Bock, *Blasphemy and Exaltation in Judaism and the Jewish Examination of Jesus* [Blasfemia y exaltación en el judaísmo y el examen judío de Jesús] (Wissenschaftliche Untersuchungen zum Neuen Testament 2; Tübingen: Mohr Siebeck, 2009).

20. D. A. Carson, *The Gospel according to John* [El Evangelio de acuerdo a Juan], Pillar New Testament Commentary [Comentario del Nuevo Testamento Pillar] (Grand Rapids: Eerdmans, 1991), 57.

21. Andreas Köstenberger, "Diversity and Unity in the New Testament" [Diversidad y unidad en el Nuevo Testamento], in *Biblical Theology: Retrospect & Prospect* [Teología Bíblica: retrospectiva y perspectiva], ed. Scott J. Hafemann (Downers Grove: InterVarsity, 2002), 154–58.

22. G. B. Caird, *New Testament Theology* [Teología del Nuevo Testamento], ed. L. D. Hurst (Oxford: Clarendon, 1994), 24.

Capítulo 5

1. Bart D. Ehrman, in *The Reliability of the New Testament: Bart D. Ehrman & Daniel B. Wallace in Dialogue* [La confiabilidad del Nuevo

Testamento: Bart D. Ehrman & Daniel B. Wallace en diálogo], ed. Robert B. Stewart (Minneapolis: Fortress, 2011), 14.

2. Mark D. Roberts, *Can We Trust the Gospels? Investigating the Reliability of Matthew, Mark, Luke, and John* [¿Podemos confiar en los Evangelios? Investigando la confiabilidad de Mateo, Marcos, Lucas y Juan] (Wheaton: Crossway, 2007), 37.

3. Para más ejemplos, véase, "Table 1.1: Extant Copies of Ancient Works" [Tabla 1.1: Copias existentes de trabajos antiguos]; Andreas J. Köstenberger, L. Scott Kellum, and Charles L. Quarles, *The Cradle, the Cross, and the Crown: An Introduction to the New Testament* [La cuna, la cruz y la corona: Una introducción al Nuevo Testamento] (Nashville: B&H Academic, 2009), 34.

4. Bruce M. Metzger and Bart D. Ehrman, *The Text of the New Testament: Its Transmission, Corruption, and Restoration* [El texto del Nuevo Testamento: Su transmisión, corrupción y restauración], 4th ed. (New York: Oxford University Press, 2005), 86.

5. "Can We Trust the Text of the New Testament? A Debate between Daniel B. Wallace and Bart D. Ehrman" [¿Podemos confiar en el texto del Nuevo Testamento? Un debate entre Daniel B. Wallace y Bart D. Ehrman], octubre 1, 2011; DVD; Dallas: Center for the Study of New Testament Manuscripts [Dallas: Centro de estudio de los manuscritos del Nuevo Testamento], 2011.

6. Andreas J. Köstenberger and Michael J. Kruger, *Heresy of Orthodoxy: How Contemporary Culture's Fascination with Diversity Has Reshaped Our Understanding of Early Christianity* [La herejía de la ortodoxia: Cómo la fascinación de la cultura contemporánea por la diversidad ha reconfigurado nuestro entendimiento del cristianismo primitivo] (Wheaton, IL: Crossway, 2010), 210–11.

7. Hay un solo manuscrito de *Las guerras de los judíos* del siglo III, pero es prácticamente ilegible y solo un pequeño fragmento.

8. La siguiente lista menciona algunos de los manuscritos más tempranos del Nuevo Testamento (*P* es el símbolo para Papiro).

- *P*52: Manuscrito que contiene Juan 18:31–33, 37–38 alrededor del 125 d.C.
- *P*90: Manuscrito que contiene Juan 18:36–19:7 del siglo II.
- *P*104: Manuscrito que contiene Mateo 21:34–37, 43, 45(?) del siglo II.
- *P*66: Manuscrito de Juan del final del siglo II.
- *P*98: Manuscrito que contiene Apocalipsis 1 del siglo II.
- *P*4, *P*64=*P*67: Manuscrito que contiene Lucas 1–6 y Mateo 3; 5; 26 finales del siglo II.
- *P*46: Manuscrito de la mayoría de las epístolas paulinas del 200 d.C. (Rom. 5–6; 8–16; 1–2 Corintios; Gálatas; Efesios; Filipenses; Colosenses; 1 Tesalonicenses y Hebreos [agrupado con el cuerpo paulino]).
- *P*103: Manuscrito que contiene Mateo 13–14 de alrededor del 200 d.C.
- *P*75: Manuscrito que contiene Lucas 3–18; 22–24 y Juan 1–15 de alrededor del 200–225 d.C.

9. Ehrman enfatiza repetidamente este punto en el debate "Can We Trust the Text of the New Testament? A Debate between Daniel B. Wallace & Bart D. Ehrman" [¿Podemos confiar en el texto del Nuevo Testamento? Un debate entre Daniel B. Wallace and Bart D. Ehrman].

10. Adaptado de Köstenberger y Kruger, *Heresy of Orthodoxy* [La herejía de la ortodoxia], 211.

11. Para una sucinta introducción a la crítica textual, véase Bruce M. Metzger, *A Textual Commentary on the Greek New Testament* [Un comentario textual al griego del Nuevo Testamento], 2d ed. (New York: UBS, 1994), 1–16.

12. Bart D. Ehrman, *Misquoting Jesus: The Story Behind Who Changed the Bible and Why* [Citando mal a Jesús: La historia detrás de quien cambió la Biblia y por qué] (San Francisco: Harper, 2005), 208.

13. Daniel Wallace, "The Gospel According to Bart: A Review Article of Misquoting Jesus by Bart Ehrman" [El Evangelio de acuerdo a Bart: Una reseña de Citando mal a Jesús], *Journal of the Evangelical Theological Society* [Revista de la Sociedad Teológica Evangélica] 49 (2006): 339.

14. O quizás sea mejor, "unigénito, [él mismo] Dios" (o "Dios por propio derecho"). El punto no es que Jesús era el *único* Dios (como si Dios el Padre no fuera Dios), sino que Jesús, el unigénito Hijo de Dios, también era divino. Véase Andreas J. Köstenberger, *John* [Juan], Baker Exegetical Commentary on the New Testament [Comentario exegético Baker del Nuevo Testamento] (Grand Rapids: Baker Academic, 2004), 49–50; idem, *A Theology of John's Gospel and Letters: The Word, the Christ, the Son of God* [Una teología del Evangelio de Juan y sus cartas: La Palabra, el Cristo, el Hijo de Dios] (Biblical Theology of the New Testament [Teología bíblica del Nuevo Testamento]; Grand Rapids: Zondervan, 2009), 381–82.

15. Roberts, *Can We Trust the Gospels?* [¿Podemos confiar en los Evangelios?], 33–34.

16 Ehrman, *Misquoting Jesus* [Citando mal a Jesús], 207.

17. Para más acerca de la escritura a mano de los escribas antiguos, véase, Köstenberger and Kruger, *Heresy of Orthodoxy* [La herejía de la ortodoxia], 186–90.

18. Harry Y. Gamble, *Books and Readers in the Early Church* [Libros y lectores en la iglesia primitiva] (New Haven, CT: Yale University Press, 1995), 91.

19. T. C. Skeat, "Early Christian Book Production" [Producción de libros en el cristianismo antiguo], in *The Cambridge History of the Bible*, [His-

toria de la Biblia de Cambridge], vol. 2 (Cambridge: Cambridge University Press, 1969), 73.

20. Köstenberger and Kruger, *Heresy of Orthodoxy* [La herejía de la ortodoxia], 195.

21. Ehrman, *Misquoting Jesu*s [Citando mal a Jesús], 7.

22. Ibid., 211.

23. Peter Williams, "Review of Bart Ehrman, *Misquoting Jesus*" [Reseña de Bart Ehrman, Citando mal a Jesús], http://evangelicaltextualcriticism. blogspot.com/2005/12/review-of-bart-ehrman-misquoting-jesus_31.html.

Capítulo 6

1. Bart D. Ehrman, *Jesus, Interrupted: Revealing the Hidden Contradictions in the Bible (And Why We Don't Know about Them)* [Jesús, interrumpido: Revelando las contradicciones ocultas de la Biblia (y por qué no sabemos de ellas)] (San Francisco: HarperOne, 2009), 215.

2. D. A. Carson, endoso de contraportada en Andreas J. Köstenberger and Michael J. Kruger, *Heresy of Orthodoxy: How Contemporary Culture's Fascination with Diversity Has Reshaped Our Understanding of Early Christianity* [La herejía de la ortodoxia: Cómo la fascinación de la cultura contemporánea por la diversidad ha cambiado nuestro entendimiento del cristianismo primitivo] (Wheaton, IL: Crossway, 2010).

3. Este punto de vista no es solo uno entre una plétora de teorías de conspiración tan frecuentes en la cultura americana, es también extremadamente cínico: el cristianismo está basado en nada más que creencias que eran convenientes para los poderosos —y la verdad real (es decir, ¡diversidad religiosa!) fue brutalmente suprimida por aquellos que dominaban—. Véase esto en David R. Liefeld, "God's Word or Male Words? Postmodern Conspiracy Culture and Feminist Myths of Christian Origins" [¿La Palabra de Dios

o palabras masculinas? Cultura posmoderna de la conspiración y los mitos feministas de los orígenes del cristianismo], *Journal of the Evangelical Theological Society* [Revista de la Sociedad Teológica Evangélica] 48, n° 3 (2005): 449–73. Véase también Craig A. Blaising, "Faithfulness: A Prescription for Theology" [Fidelidad: una prescripción para la teología], in *Quo Vadis, Evangelicalism? Perspectives on the Past, Direction for the Future: Nine Presidential Addresses from the First Fifty Years of the Journal of the Evangelical Theological Society* [¿Evangelismo Quo Vadis? Perspectivas sobre el pasado, dirección para el futuro: nueve discursos presidenciales de los primeros cincuenta años de la Revista de la Sociedad Teológica Evangélica] (Wheaton: Crossway, 2007), 201–16.

4. Bart D. Ehrman, *Lost Christianities: The Battles for Scripture and the Faiths We Never Knew* [Cristianismos perdidos: Las batallas por la Escritura y las fes que nunca conocimos] (Oxford: Oxford University Press, 2003), 173.

5. Para una refutación más completa de la tesis de Bauer, véase Köstenberger and Kruger, *Heresy of Orthodoxy* [La herejía de la ortodoxia], capítulos 1 y 2.

6. Darrell L. Bock, *The Missing Gospels: Unearthing the Truth behind Alternative Christianities* [Los evangelios perdidos: desentrañando la verdad detrás de los cristianismos alternativos] (Nashville: Thomas Nelson, 2007), 50.

7. La única evidencia del siglo I que causa controversia revela que algunos grupos judíos abrazaron a Jesús, pero cuestionaron Su deidad (los ebionitas).

8. El tratamiento clásico sobre gnosticismo está en Edwin Yamauchi, *Pre-Christian Gnosticism: A Survey of the Proposed Evidences* [Gnosticismo precristiano: un estudio de las evidencias propuestas] (Grand Rapids: Eerdmans, 1973). Véase más abajo.

9. Véase Köstenberger and Kruger, *Heresy of Orthodoxy* [La herejía de la ortodoxia], capítulo 3, en especial 89-98.

10. Para un estudio de las mayores sectas del siglo II, véase Antti Marjanen and Petri Luomanen, eds., *A Companion to Second-Century Christian "Heretics,"* [Un complemento a los "herejes" cristianos del siglo II] Supplements to Vigiliae Christianae 76 (Leiden: Brill, 2005).

11. Pablo se embarcó en, al menos, tres viajes misioneros durante los años 47-48, 49-51, y 51-54. Véase, p. ej., Andreas J. Köstenberger, L. Scott Kellum, and Charles L. Quarles, *The Cradle, the Cross, and the Crown: An Introduction to the New Testament* [La cuna, la cruz y la corona: una introducción al Nuevo Testamento] (Nashville: B&H Academic, 2009), 391–94.

12. Michael B. Thompson, "The Holy Internet: Communication between Churches in the First Christian Generation" [La Santa Internet: comunicación entre iglesias en la primera generación cristiana], in Richard Bauckham, ed., *The Gospels for All Christians: Rethinking the Gospel Audiences* [Los Evangelios para todos los cristianos: repensando las audiencias de los Evangelios] (Grand Rapids: Eerdmans, 1998), 49–70.

13. Véase el capítulo concluyente en *The Missing Gospels* [Los Evangelios perdidos] por Bock, donde una inspección de esos escritos muestra que casi todos ellos mencionan de una manera u otra cuál era esta teología central.

14. Köstenberger and Kruger, *Heresy of Orthodoxy* [La herejía de la ortodoxia], 66.

15. G. B. Caird, *New Testament Theology* [Teología del Nuevo Testamento], ed. L. D. Hurst (Oxford: Clarendon, 1994), 24.

16. Si deseas mayor detalle, hemos escrito un libro más completo y académico del que hablamos más adelante en el apéndice, "Cava más profundo".

Capítulo 7

1. Bart D. Ehrman, *Did Jesus Exist? The Historical Argument for Jesus of Nazareth* [¿Jesús existió? Los argumentos históricos para Jesús de Nazaret] (San Francisco: HarperOne, 2012), 164.

2. N. T. Wright, "Jesus' Resurrection and Christian Origins" [La resurrección de Jesús y los orígenes del cristianismo], en línea en http://ntwrightpage.com/Wright_Jesus_Resurrection.htm, accesado junio 30, 2012.

3. Excelentes lecturas sobre este tema incluyen el clásico de Josh and Sean McDowell, *Más que un carpintero* (Miami, FL: Unilit, 2012). Para algo más general, vea *Mero Cristianismo* de C. S. Lewis (New York: HarperOne, 2006); y próximamente: *¿Es razonable creer en Dios?: Fe en tiempos de escepticismo* de Timothy Keller (Nashville: B&H, 2016).

4. Aun María Magdalena, antes de reconocer al Jesús resucitado por quien era, le dijo: "Señor, si tú le has llevado [el cuerpo de Jesús] dime dónde le has puesto, y yo me lo llevaré" (Juan 20:15; véanse también sus comentarios previos a los ángeles Juan 20:13).

5. N. T. Wright, *Who Was Jesus?* [¿Quién era Jesús?] (Grand Rapids: Eerdmans, 1993), 63.

6. Craig L. Blomberg, "Jesus of Nazareth: How Historians Can Know Him and Why It Matters" [Jesús de Nazaret: cómo los historiadores pueden conocerlo y por qué esto importa], en línea en http://thegospelcoalition.org/cci/article/jesus_of_nazareth_how_historians_can_know_him_and_why_it_matters, accesado junio 30, 2012. Nota cómo en la narración de los Evangelios, los discípulos de Jesús estaban muy asustados después de la crucifixión y se ocultaban detrás de puertas cerradas (Juan 20:19), todavía una semana después (Juan 20:26).

7. Gary R. Habermas, "The Resurrection Appearances of Jesus" [Las apariciones del Jesús resucitado], in Michael Licona and William A. Dembs-

ki, eds., *Evidence for God: 50 Arguments for Faith from the Bible, History, Philosophy, and Science* [Evidencia de Dios: 50 argumentos a favor de la fe partiendo de la Biblia, la historia, la filosofía y las ciencias] (Grand Rapids: Baker Books, 2010), 174–75.

8. Richard Bauckham, *Gospel Women: Studies of the Named Women in the Gospels* [Las mujeres del Evangelio: estudios de las mujeres mencionadas en los Evangelios] (Grand Rapids: Eerdmans/Edinburgh: T&T Clark, 2002), 268–77; cf. N. T. Wright, *Resurrection of the Son of God* [La resurrección del Hijo de Dios] (Christian Origins and the Question of God [Orígenes cristianos y la pregunta de Dios], vol. 3) (Minneapolis: Fortress, 2003), 607. Véase también textos judíos antiguos como *m. Shebuot* 4.1; *Rosh Hashanah* 1.8; b. *Baba Qamma* 88a que muestran cuán consistente fue esta idea a lo largo de siglos de tradición judía, aún después del tiempo de Jesús.

9. Timothy Keller, *The Reason for God: Belief in the Age of Skepticism* [¿Es razonable creer en Dios?: Fe en tiempos de escepticismo] (New York: Penguin, 2008), 220.

Epílogo

1. Bart D. Ehrman, *Jesus, Interrupted: Revealing the Hidden Contradictions in the Bible (And Why We Don't Know About Them)* [Jesús, interrumpido: Revelando las contradicciones ocultas de la Biblia (y por qué no sabemos de ellas)] (San Francisco: HarperOne, 2009), 225–26.

Apuntes y pensamientos

_____

_____

_____

_____

_____

_____

_____

_____

_____

_____

_____